中国少数民族人口丛书

独龙族

翟振武 主编

高志英 和 梦/著

中国人口出版社
China Population Publishing House
全国百佳出版单位

图书在版编目（CIP）数据

独龙族 / 高志英，和梦著. —北京：中国人口出版社，2014.6（2022.7重印）

（中国少数民族人口丛书）

ISBN 978-7-5101-2609-3

Ⅰ.①独… Ⅱ.①高… ②和… Ⅲ.①独龙族－民族文化－中国 Ⅳ.①K286.5

中国版本图书馆 CIP 数据核字（2014）第 124459 号

中国少数民族人口丛书　独龙族

ZHONGGUO SHAOSHU MINZU RENKOU CONGSHU　DULONGZU

翟振武 主编　高志英 和 梦 著

责任编辑　魏小玲
美术编辑　刘海刚
责任印制　林 鑫 王艳如
出版发行　中国人口出版社
印　　刷　北京兴星伟业印刷有限公司
开　　本　710 毫米 ×1000 毫米 1/16
印　　张　9.5 插 1
字　　数　132 千字
版　　次　2014 年 6 月第 1 版
印　　次　2022 年 7 月第 2 次印刷
书　　号　ISBN 978-7-5101-2609-3
定　　价　38.00 元

网　　址　www.rkcbs.com.cn
电子信箱　rkcbs@126.com
总编室电话　(010) 83519392
发行部电话　(010) 83510481
传　　真　(010) 83538190
地　　址　北京市西城区广安门南街 80 号中加大厦
邮　　编　100054

序

如果把一个民族比作一颗星星，那我们就是生活在一个繁星满天的世界。当今世界上有约3000个民族，分布在200多个国家和地区，绝大多数国家由多个民族组成。中国也是同样，是由各族人民共同缔造的统一的多民族国家。在漫漫的历史长河中，生活在中华大地上的各族人民密切往来、交流融合、团结奋斗、休戚与共，形成了一个伟大的强盛的中华民族大家庭，共同开发了祖国的美好河山，共同推动了国家的发展和社会的进步。

在中华民族的大家庭中，有56个成员，其中有55个是少数民族。新中国成立以来，少数民族人口一直持续增长。1953年第一次全国人口普查时，少数民族人口总数为3532万人，占全国总人口的6.1％。2010年进行第六次全国人口普查时，少数民族人口总量达到了1.14亿，几乎是1953年的3倍，占到了全国13.4亿人口的8.5％。各少数民族人口数量相差较大，如壮族有1693万人，回族1059万人，满族1039万人，维吾尔族1007万人，而赫哲族只有5354人，塔塔尔族3556人，独龙族6930人。中国各民族的人口分布呈现大散居、小聚居、交错杂居的特点。汉族地区有少数民族聚居，少数民族地区也有汉族居住；许多少数民族既有一块或几块聚居区，又散居全国各地。中国少数民族聚居区大都地广人稀，资源富集。少数民族地区的草原面积，森林和水力资源蕴藏量，以及天然气等基础储量，均超过或接近全国的一半。全国 2.2 万多公里陆地边界线中的 1.9 万公里在民族地区。全国的国家级自然保护区面积中民族地区占到 85%以上，是国家的重要生态屏障。中国各民族的起源和经济、社会、文化的发展有着本土性、多元性、多样性的特点，五彩缤纷，丰富多彩。

要全面认识中华民族，就要从认识每一个民族开始。正是从这个理念出发，我们编写了这套《中国少数民族人口》大型系列丛书，力图从历史、文化、经济、社会等各个方面，用准确、科学、生动的语言，全方位描述和展现各少数民族灿烂辉煌的历史和现状，编织出一幅绚丽多彩的中华民族大家庭的“全家福”。

编写这样一套大型系列丛书，难度非同一般。几经论证和深入研讨，最终形成了编写大纲，这套丛书各个分卷的作者绝大多数由少数民族作家担任，他们不仅熟悉自己民族的历史和文化，而且对本民族有深厚的感情。在国家新闻出版总署、国家人口计生委和中国人口出版社的大力支持下，作者们历经数年，几易其稿，终成此书。值此丛书出版之际，我们衷心地祈愿这幅“全家福”能为民族的交流和团结，为中国的文化建设，为整个中华民族的繁荣昌盛，作出一份微薄的贡献。

程振武

2012 年 5 月于北京

PREFACE

Every nationality sparkles like a star in the firmament. Now we have about 3000 stars distributed across the world in more than 200 countries, most of which are multinational. So is China, which consists of a number of nationalities. For centuries, all the nationalities have lived together, worked together and fought together, making China a prosperous unified multinational country.

Of all the 56 nationalities in China, 55 are minorities whose population has been increasing since the founding of The People's Republic of China. According to the first census in 1953, the minority population was about 35. 32 million, accounting for 6. 1 percent of China's total population. By 2010, the number had almost tripled. According to the sixth census, the population of the minorities amounted to 114 million, making up 8. 5 percent of the 1. 34 billion people in China. The population size of minority groups varies a lot. Some of them have a large population, for example, the Zhuang Nationality has a population of 16. 93 million; the Hui has 10. 59 million people and the Manchu consists of 10. 39 million people. Some of the minorities are quite small, such as the Hezhe, the Tatar and the Drung nationalities, which have populations of 5354, 3556 and 6930, respectively. China's nationalities live together over vast areas with some living in individual, concentrated communities in small areas.

Some minorities' concentrated communities are scattered among the Hans, and some Han people also live in the minority communities. Some minorities may have one or more concentrated communities, while their people spread all over the country. Most minorities' concentrated communities have their people sparsely distributed in large areas with abundant resources. The grassland, forest, water and natural gas reserves in areas inhabited by minority people account for about half of China's total. Further, 19 000 kilometers of the nation's 22 000-kilometer land boundary are in minorities' communities. In addition, 85 percent of the country's state-level natural reserves are in the minority areas, making the people important guardians of China's ecology. Each of the nationalities' origin is unique, and their development of economy, society and culture is full of variety.

Only by learning every aspect of the minorities' lifestyle can we have a comprehensive understanding of the Chinese nation. Under this notion, we write this series of books on the Population of China's Minorities to provide a detailed picture of our Chinese nation, with the glorious past and prosperous present of the country's minorities.

It is through trials and tribulations that we write this spectacular series of books. Most of the authors, who have profound knowledge of the minorities and wrote the books with their strong emotions, are members of minority groups. With the great support of the National Publication Foundation, the National Population and Family Planning Commission and China Population Publishing House, the authors completed the books after years of unremitting endeavor.

On the publication of this series of books, we are looking forward to seeing these books contribute to the unity of the Chinese nation and help our country flourish in the future.

Zhenwu Zhai

Beijing

May 2012

目录

Contents

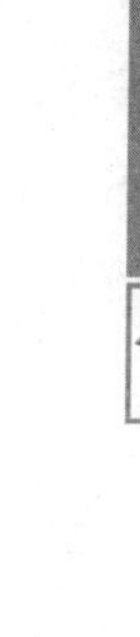

综 述

独龙族是云南省人口最少的民族之一，以几千人的一个小群体顽强地繁衍生息于独龙江峡谷。这本身就是一个了不起的奇迹！

独龙族生存于独龙江，但从来不自闭于独龙江，在他们来自怒江，与怒族同源的神话中；在他们源自金沙江、源自西藏的历史记忆中，呈现出氐羌系统民族由东向西迁徙洪流之悠长复杂。

独龙族生存于独龙江，不是凌驾于自然之上，而是与独龙江的山山水水融为一体，在其神话中天鬼的来源、山鬼的来源……无不是人与自然密不可分的诠释。

独龙族生存于独龙江，独龙江不仅是他们的衣食父母，也是激发其生存智慧，萌发生产生活知识的土壤。独龙族世世代代，生于斯、死于斯、葬于斯，最后以蝴蝶之躯，回归自然怀抱，那是一种何等的实在！那是一种何等的浪漫！

隆隆炮声中，独龙江人马驿道修通了；轰轰钻机声中，独龙江公路修通了。于是，手持照相机的游客来了，身背摄像机的记者来了，闪光灯的咔嚓咔嚓声过后，“最后的文面部落”，“最后的原始部落”……赫然出现在报刊、电视、网络，而尚未接受现代媒体的大多数独龙族同胞依然还在日出而作，日落而息。每当有远客来到，不会说汉语“你好”、“欢迎”，但是以其温暖的火塘、温暖的笑容将温暖的心、温暖的情给了你。笔者跟踪了十余年的至纯至善的独龙族同胞，这本小书是否能够将你的美、你的情完全展示给外界了呢？

深山峡谷中的独龙江　（杨发顺摄）

第一章

起源与流变

第一节　三山两江独龙家

一、高山深谷育独龙

独龙族历史上没有本民族文字，汉文献对其最早的记载也仅见于元《一统志》中独龙族先民族称“撬”的简单记录，与纳西族、彝族、傈僳族、藏族、景颇族、白族等先民共同繁衍生息于元代丽江路广阔地理空间内，但从中也只能推断“撬”蛮分布于丽江路之西北的基本线索。不过，独龙族丰富的口传历史却给我们展示了一幅丰富多彩的起源流变画卷。

1. “卡瓦卡普”——独龙族源地

“卡瓦卡普”（Karwa Karpu，又写作“嘎瓦嘎普”等）是巍巍高黎贡山山脉中的一座高峻山峰，位于怒江傈僳族自治州贡山独龙族怒族自治县城——丹当以北 60 公里处，是怒江与独龙江的分水岭。“卡瓦卡普”东麓是怒江西岸的丙中洛坝子；西麓是独龙江东岸的肖切（学切）山坡。该峰高约 5000 多米，一年四季白雪皑皑，山顶上有一个幽深的大山洞，洞中有 9 个大火塘。据说至今依然还可看见火塘痕迹，且有众多“卡瓦卡普传说”。在 20 世纪 30 年代就有独龙族源于卡瓦卡普的传说①：

> 远古之时，洪水滔天，人类死尽。唯在卡窝卡普神之山上，有兄妹二人，兄名庞，妹名嬢，因虑人类绝种，乃自相交配而生九男九女，各儿女复自相配偶。大的一对，无名，成亲，为藏族人之祖先。第二对，男名京，女名捻，成亲，为俅子之祖先。当时，此四人赛射弩箭，以一块钱为目标，言明射不中者向射中者征税。第一对夫妇果射中，第二对未射中，故至今俅子纳税给藏人。第三对，男名刚，女名郡，成亲后同去狄子江边居住。其地产藤子，因善编藤筐子，以供给俅子。第四对，男名健，女名宁，成亲后到曼宁，在今缅甸境坎底之西居住，乃为其地土人之祖。余不详。但此九对之中，有一对是汉人的祖先。

独龙族先民长期在与外界隔绝的“卡瓦卡普”雪峰周围山地繁衍生息，衣食住行皆从自然界直接获取。由此，终年积雪的“卡瓦卡普”雪峰就成为其祖源地中最为重要的历史记忆。

2. 丙中洛——独龙祖源地

在独龙族 16 个氏族中，孟（茂）、木仁、狄巴、郭劳龙、马必力、德乌打、甲贡、孔目、戛马力、凯而却、江勒、陇吴 12 个氏族皆传说来自怒江丙中洛，并且与当地怒族同源。

① 陶云逵．几个藏缅语系土族的创世故事//金陵大学中国文化研究所．边疆研究论丛．1942～1944.

如戛马力氏族传说：①

古代怒江东岸的芒孜洞（丙中洛）里住着兄弟二人，打猎砍柴，相依为命。有一天，二人带着溜索去（怒江）江的西面打猎砍柴。行至江边，哥哥为弟弟绑好溜索，让弟弟先溜到对岸。哥哥继而准备过去。可是，正在为自己绑溜索的时候，忽然下起了倾盆大雨，一个霹雳，把溜索打断了。接着，江水猛涨，顿时至足下。哥哥和弟弟眼见不能再见面，只好隔岸痛哭一场，然后忍痛分手。从此，哥哥留在怒江，披荆斩棘，开拓怒江，繁衍子孙，即是怒族。弟弟奔向独龙江，其子孙后代就是独龙族……戛马力氏族的子孙一部分迁到缅甸江心坡定居，另一部分留在独龙江。两地的独龙族年年有人来朝拜怒江的芒孜洞，代代延续，年年不息。这个朝拜活动确有其重要的历史意义。朝拜地点并未完全分开，无论是独龙江的独龙族，还是缅甸的独龙族，都把芒孜洞看作是自己祖籍的象征。②

又如凯而却氏族传说：

据说凯而却的祖先是一对怒族夫妇，最初迁入时住在莫若木，是从贡山与藏区交界的加生地方，顺着布考勃罗河搬来。这一对怒族夫妇原住贡山丙中洛，因男人经常出去打猎，偶尔翻越高黎贡山，到独龙河畔从事狩猎活动。那时他们已知道种植五谷；与狩猎同时在箭袋里带来青稞种子，并在独

① 洪俊．独龙族源初探//怒江文史资料选辑（上卷）．德宏民族出版社，1994：41.
② 洪俊．独龙族源初探//怒江文史资料选辑（上卷）．德宏民族出版社，1994：40.

丙中洛 （董力男摄）

龙河畔种植，结果长得很好，认为这是找到好地方的标志。于是带着妻子到莫若木（位于龙棍、迪政当中间）居住。住了两代后随着人口的增加，又逐渐迁到迪政当和冷木当。他们用自己辛勤的劳动开发了这块原始的处女地，建立了新的家园，逐渐形成了今日独龙族的凯而却氏族。到后来由于人口增加，并受察瓦龙土司的残酷剥削，有的搬往边界的浦朗罗勃，有的搬往阿都罗勃，形成了3个家族。①

有学者就说，“以上种种传说，清楚地说明，独龙族来自怒江，与贡山怒族同源。新中国成立后，根据民族的自愿，定为两个民族。两个民族的感情是亲密的，语言、风俗、习惯仍然相近，有些完全一样。”②

① 云南省编辑组．民族问题五种丛书·独龙族社会历史调查（二）．云南民族出版社，1985：35.

② 洪俊．独龙族源初探//怒江文史资料选辑（上卷）．德宏民族出版社，1994：43.

3. 独龙江——独龙文化的摇篮

作为氐羌系统民族后裔，独龙族与贡山怒族先民从藏彝走廊迁徙到怒江边丙中洛及其以北察瓦龙一带，一部分翻越高黎贡山西迁到独龙江，繁衍成今天独龙江地区的独龙族；其中又有一部分继续西迁分布于缅北众多河流两岸，即为缅北的"日旺人"。独龙江因为独龙族聚居而得名，独龙江河谷即是独龙文化的摇篮。

独龙江乡位于中国西南云南西北角，地处缅甸北部与中国云南、西藏的交界地，北依西藏自治区察隅县，东临怒江傈僳族自治州贡山县丙中洛乡、捧打乡与茨开镇，进而与迪庆州德钦县和维西县相近，南接怒江傈僳族自治州的福贡县，西连缅甸克钦邦北端，国境线全长172公里。

独龙江河谷地理位置处于滇西北横断山纵谷地带的中心，呈一弯曲的狭长条状镶嵌在喜马拉雅弧形构造地带的大拐弯处，总面积有1997平方公里，地理坐标为北纬27°31′～28°24′，东经98°08′～98°30′。河谷群山环抱，沟壑纵横，东部有气势磅礴的高黎贡山与怒江大峡谷相连，西界为逶迤连绵的担当力卡山与缅甸毗邻，北与巍峨壮观的青藏高原相接并与印度相近，独龙江奔腾咆哮在高黎贡山和担当力卡山对峙逼仄的峡谷里。

"两山夹一水"的自然环境造成的偏僻和封闭，使独龙族与四境的交往只能依靠季节性的羊肠小道。由北而南，从独龙江中上游熊当、迪政当、献九当、孔当、巴坡等过溜索向东，翻越高黎贡山行走3～5日，可到达怒江边的丙中洛、双拉与茨开；又有从原碧江县（现为福贡县）老姆登逾高黎贡山西行至独龙江南部的子坝卡；向西，沿独龙江上游克劳洛河北上西行约8天到缅甸苏邦，从上游的迪政当西行5日到缅甸得拉江江头，从献九当西行约10日到缅甸得久江地带；向南顺独龙江而下进入缅甸；向北，逆独龙江而上到西藏察隅和日东地区。

无论向何方，都要翻越高山雪岭，爬山涉水，攀藤附葛，拔草寻径，沿途险峰齿列，激流纵横，荆棘密布，野兽出没，蛇虫肆虐，来回一转需要10天左右。独龙族先民就是通过这些羊肠小道由东向西迁徙至独龙江，再继续向西、向南迁徙，形成了以独龙江为中心的主要向南、向西广阔区域分布的格局。

高山深谷在将独龙族长期与外部世界隔绝的同时，又孕育了丰富的自然资源。独龙江两岸高耸的山体挟持着独龙江河谷，形成典型的高山峡谷地貌。地形起伏大，高差悬殊，海拔从独龙江上游的龙元村对面山峰的5128米降到出境江面的1160米，南北间距仅38公里，导致各自然地理要素明显的立体变化，使江边山脚地带到山顶，兼有热、温、寒3个气候带，也决定了自然景观从亚热带常绿阔叶林、暖温带常绿阔叶林、温带针阔叶汇交林、寒温带针叶林、寒带灌木丛亚高山草甸等明显突出的垂直分布。相应地，水平方向农牧业物候特征变化明显，立体与水平分异明显，具有类型多样的气候资源优势。独龙江流域雨季长达8～9个月，且多为连续性降雨，雨量充沛；独龙江流域的空气湿度特别大，除12月为半湿润气候外，其余11个月都为潮湿或湿润气候。独龙江的光照特别少，日照百分率仅达30％。年均气温13.6℃～16℃，无霜期约280天。独龙江地区独具一格的地理条件、垂直分布的生物气候、深厚广大的森林系统和复杂多样的地貌形态，为多种生物共存、汇聚、迁移和演化交替形成复杂、稳定的生态系统，提供了少受干扰而又具有多种小生态环境的优越环境基础，成为我国重要的古老和珍稀动植物的积萃区。

据不完全统计，独龙江峡谷生长着亚热带到寒带的2000多种植物，约有10％为当地所特有，10％为云南所特有，30多种为亚洲所特有，森林覆盖率高达59.1％。独龙江山谷拥有丰富的花卉植物、草本植物、宿根植物等，其中花卉品种达250余种，蕨类有275种，

还有被称为“面包树”的董棕（董棕是独龙江特有的一种植物，一般五六十年才成熟一次，高5～25米，根、茎、叶都可以食用，富含淀粉，一棵董棕树可以使一个三五口人的家庭度过个把月的饥荒）。莽莽苍苍的林地中，生长着数不胜数的菌类和名贵中草药材，木耳、香菌、羊肚菌、猴头菌、灵芝等山珍唾手可得；黄连、贝母、天麻、当归、茯苓、大黄、厚朴、木香、虫娄等上百种名贵中草药分布广、数量多、质量好。独龙江流域的野生动物资源繁多，有104种兽类、171种鸟类，其中列入国家级保护的兽类29种、鸟类20种，有黑熊、水獭、大灵猫、果子狸、豹猫、黑麝、马麝、林麝、贡山麂、赤斑羚、栗色大鼯鼠、银星竹鼠、白尾梢虹雉、灰腹角雉、红腹角雉、血雉、黑鹇等在森林里栖息繁衍。独龙江还有众多的爬行动物、鱼类，悬崖峭壁上布满了蜂窝。丰富的自然资源，为独龙族人民提供了御寒的动物皮毛、饱腹的野生肉食和野菜、野粮，黄连、贝母、鹿茸、麝香、虎骨、豹骨等名贵中药材被独龙族先民在古代用来与外界交易，换取生活、生产必需品。独龙族先民繁衍于此，生息于此，劳动于此，创造于此，孕育出了别具特色的独龙族文化。

董棕　（阿仇摄）

二、神秘峡谷自然美

要用最简单的词汇概括独龙江，莫过于神秘与自然了。

说其神秘，在于独龙江远离外界，山阻水隔隐藏于群山峻岭之间。要是在1970年前进入独龙江，必须过溜索、藤桥、天梯，而且每年五六月开山季节都得披荆斩棘重开一冬之后埋没于密林、枯藤、杂草，中断于山崖、陡坡、深箐、河谷的独龙江人马驿道。即便是1999年独龙江公路开通，仍然有大雪封山的大半年时间与外部世界隔绝，哪怕开山通路季节，塌方、泥石流也使公路时断时通，时常将独龙江孤悬世外。于是，独龙江在人们心目中，神秘面纱仍尚未揭开，仍然是时空上都隔绝于外部世界的神秘区域。

说其“自然”，是因为独龙江的一山一水、一草一木、一石一崖无不是自然天成，毫无人工痕迹。而人类的痕迹，在独龙江与自然环境融为一体——在独龙江岸由北到南，东一块西一块形状不同大小不一的山地，东一栋西一栋小巧玲珑的茅草屋，东一群西一群的牛羊，甚至连蜿蜒曲折的独龙江都时隐时现于云雾之中，彷佛是梦幻中的仙境，人与物，动与静都和谐于这个神秘、自然的峡谷里。

1. 峡谷奇景独龙江

如果说在中国西南还留存有一条真正意义上的“没有被污染”的国际河流，那么，独龙江是当之无愧的，也是唯一的。首先，1997平方公里的独龙江河谷只有4000多独龙人生息，地广人稀，使人类对独龙江的攫取、干预、影响非常小；其次，独龙江沿岸至今没有任何工业生产，也没有任何矿产开采，使独龙江成为一块没有现代工业污染的净土；第三，充沛的雨量、湿润的气候，以及肥沃的土地，使独龙江两岸草木繁茂，雪水、露珠凝结成的每一条支流都清澈透底，独龙江的水体一年四季都纯净之至。

雪山清泉融汇而成的独龙江，穿梭于高黎贡山与担当力卡山之间，时而是个在密林间羞羞答答的温柔少女，时而是个穿峰过岭的激情小伙。平坦如砥的江面，高天白云，青峰危石，翠叶绿蔓，五彩山花倒映水中，彷佛是一幅幅或雅或艳的山水画；河床高低落差，巨浪如瀑，惊涛拍岸，飞珠溅玉，两岸的青草绿叶红花被其浸染碧透。

独龙江之奇，在于一年四季郁郁葱葱，春夏秋冬花开不败。春天的独龙江，高黎贡山与担当力卡山顶还皑皑白雪，春风却已吹进独龙江，吹醒了山花争奇斗艳，吹皱了江水如丝如缕；夏天的独龙江，遍布两岸的山泉叮叮咚咚奔向独龙江的怀抱，蒸腾起的氤氲洗净了独龙江，染绿了整条江；秋天的独龙江，山顶已披上洁白的雪幔，霜叶与秋花媲美，蓝天与碧水竞净；冬天的独龙江，峰裹白纱、山染青雾，江泛浪花，仍然在彰显着无尽的纯净之美。

独龙族之奇，在于独龙江的一山一水、一草一木，每一栋房顶上的每一块木板、每一根茅草，都被夜晚的雨水冲刷过，被晨间的浓雾清洗过，一切都显得那样的一尘不染。独龙人也是很惬意于淅淅雨淋的感觉，独龙江一年四季雨水飘洒，但却不见一个独龙人打伞。独龙江也就像一个天然的大浴场，走进独龙江的每一个人的身体每天都被雨水洗浴，心扉也被清洗。于是，外界来者也如独龙人一样干干净净。

独龙江之奇，还在于一年一度溯江而上的游鱼。每至夏季，江水暴涨，成群的游鱼自下而上逆流而上，聪慧的独龙族人民就在“鱼口子”处围栏捕鱼，有的鱼口子一年可捕获几百斤鱼。鱼儿扑腾声，人们的捕鱼吆喝声，岸边妻子儿女的欢叫声震荡在山谷间，唱响一幅捕鱼共享欢歌。

飞架独龙江上的溜索、吊桥，又是独龙江一大奇景。无论是传统的藤蔑溜索，或是现代钢筋溜索；无论是古时的藤蔑吊桥，或是当今钢丝吊桥，与其说是提供人们来往的交通工具，不如说是与碧波白浪交相辉映的艺术品，引得游人过藤桥驻足留影，勇敢者还要一试溜索飞渡独龙江。

2. 卡瓦卡普四季景

在一天之内要领略完四季山景，卡瓦卡普无疑是最理想之地。因山顶最高海拔5128米，与山东坡的怒江边、山西侧独龙江边的最低海拔1100多米相差3000多米，立体气候和小区域气候特征极其明显，造就的立体物候也特别明显。现在怒江到独龙江公路已修通，八九个小时的车程——从山顶到江边三四个小时车程内，可以欣赏四季山景。

钢索铁丝吊桥　（高志英摄）

大雪封山的冬春时节，卡瓦卡普满是银白世界，青山、灰岩、金竹、绿树全都掩埋在厚厚的雪被下，飞禽走兽也不见踪迹。这时下车取一团晶莹剔透的白雪捧在手心，车经过白雪淹没的山顶，经过白雪映衬下更加金黄的箭竹林，经过枯藤老树密密匝匝的原始森林，经过肆意在公路上汩汩流淌的山泉，一路飞奔到山花烂漫的江边，手中的雪团可能还未融化。如果似当地村民可以滴上几滴红糖水在雪团里尝上一口，这美味是世上任何冰激凌也无法比拟的。

即便是盛夏七八月间，从江边薄衣薄裤出发，车子在盘旋山路七转八转，股股凉气就无声无息渗到车里来。刚把外衣加上，阵阵寒气仍寒透心扉。到了海拔3000多米的隧道口，五六月开山时铲堆成的巨

大雪堆还躺卧在隧道外，而隧道之上山顶积雪融化的滴水不紧不慢地敲打在车顶上，寒气就在车里弥满。车轮劈开幽深隧道积水溅起的寒气灌进车里，使人如进冰窟。穿过隧道不久是雪融后层出不穷冒出的笋子林，然后是争奇斗艳的山花，到达江边时河谷的燠热难耐，如能掬一捧清凉江水，泼在脸上，灌进肚里，那是无与伦比的清爽。

卡瓦卡普每一簇山花，每一溜飞瀑，每一棵古树，每一根青藤，每一头在江面饮水的野牛，每一只在枝头跳跃的小鸟，无不是一道美景，但是最让人流连的是仙人田。从公路远看静静散落在山间，独龙族传说中神仙居住的仙人田坝，烟云迷漫，阡陌交错，山顶清流更使其水明如镜，“田园”大小不一，形状不同，俨然是天工神斧之作。面对此景，有人甚至难免想象到静谧夜晚美丽仙子在此耕耘嬉戏。仙人田海拔3000多米，秋冬隐于积雪下，一到夏秋周遭清水细流，鲜花争艳怒放，却不见一丝凡尘，一份喧嚣，恰似陶渊明笔下的桃源胜境。

看过仙人田，野牛谷又展现在眼前。在白雪青山映衬下，明净的天空，一尘不染；静谧的山谷，悠远深长。千百年来，每到发情季节，成群的野牛从四面八方的原始森林中涌向此谷，在有盐分的山泉里饮水补充盐分。如远望可以领略到“牛饮”之态，公牛也在此山谷格斗以争一年一度的交配权，村民就可以不费吹灰之力捡到因格斗而坠崖而亡的野牛。野牛谷是以前独龙族猎人以盐引诱野牛，然后集体围猎捕杀之地。而今野牛谷重新成为野牛生息的天堂，也成为游人欣赏野牛的绝佳之地。

3. 世外桃源数木当

深藏独龙江北部的木当村，是一个终年被村内村外数不胜数、密密麻麻的果木掩映的小村庄。从木当村四周的高山俯视，只有袅袅炊烟从绿林中此起彼伏升腾出来时，才知道村落所在处。即便是从独龙江源头之一的麻必洛河岸穿越进村寨，要不是突然一道竹篱笆拦路，也仍然不知已身在此村中。但是，到了春夏，妖娆桃花按耐不住地从房前屋后，从水边林间肆意地把村寨染成一片桃红，中间还交杂着一树树泛着绿意的梨花。满世界的桃花、梨花、绿叶，与围满家家户户园地的篱笆上的不知名的花草，静悄悄绽放着生命之光，与屋檐下织毯的独龙阿妈脸上的蝶形文面相互辉映。阵阵鸟鸣与山泉汩汩，与阿妈不紧不慢的梭子穿过麻线的声音相应和，显得更加宁静。

从怒江边察瓦龙的扎恩翻越高黎贡山到木当，或从独龙江中部的孔当北上到木当，或是从独龙江与察瓦龙交界地邦村南下到木当，零星散落的灰色木板屋，层层的梯田都遮蔽在桃海梨林中，遮蔽在云海雾霾中，但独龙人"宛如太古之民"的质朴心灵却使独龙江畔的"世外桃源"更加令人难忘。

4. 天然舞场冷木当

"冷木"在独龙语里有"跳舞"之意，"当"是平坝的意思。冷木当寨子在独龙江河谷的北部，寨子依山傍江，灌木葱翠，田野风光令人陶醉。独龙族很多老人说：他们的祖先是从"出太阳的地方"（即怒江流域）到独龙江边定居的，最初迁徙地就是现在的冷木当这个地方。当初这里没有人烟，茫茫原始森林，灌木丛林密布，寸步难行。初来这里定居的是一男一女，后来，他俩成婚，生儿育女，开垦了这片原始丛林；再后来，人口逐渐发展，有的往江的上游迁徙，有的往江的下游迁徙，才形成了今天独龙江流域的居住状况。① 冷木当是独龙江岸为数不多的小平坝，每年腊冬月卡雀哇节时，人们在此载歌载舞欢渡节日，因而被称为"天然舞场"。

5. 田园风光雄当美

雄当的田园风光是一目了然的。从冷木当沿独龙江岸北上过一个

---

① 李金明．独龙江边最后的舞蹈——变迁中的"冷木当"．今日民族，2003（9）．

山梁，雄当就尽收眼底，好似一幅山、水、田、树、屋错落有致的画面刹那间铺在眼前，使人情不自禁坐在山梁树荫下，陶醉于雄当的袖珍型田园风光——方圆不过两三里的“坝子”。

雄当村依山傍水，郁郁葱葱的担当力卡山坡一直延伸到独龙江边，中间形成一块长条形的冲积扇面向独龙江铺开，隔江而望即是高峻的高黎贡山，其南北也被担当力卡山凸起伸向独龙江的丛林密布的小山梁所包围。但是比之独龙江更多的村寨深深掩藏于浓雾密林中，雄当的胸怀总是敞开着的。形状不一的农田、弯弯曲曲的田埂、高高矮矮的木楞房、田地里自由觅食的鸡群都一览无余地展现在暖洋洋的阳光下。

如果从雄当村南的山梁顺坡飞奔进寨，无论进入到哪栋木楞房前，都会有男的、女的、老的、少的、文面的、不文面的，一张张笑眯眯的脸从窗子里伸出来，并打手势邀请你进屋烤火、喝茶、吃饭。到夜晚，热情的雄当人会不约而同涌到有客人的家户，独龙毯下都塞着一只鸡来递给女主人。主客不用语言相同，也不用打招呼，一边喝自熬酒，一边唱调子，一边跳舞，火塘上炖着的漆油炒鸡的酒香与鸡肉香在屋子里弥漫。主客一起唱啊、跳啊、喝啊、吃啊，直到醉了、饱了、乐了、累了，才在欢快的歌声中睡去。次日一早，晨雾又被江水冲散，一丝丝一缕缕飞向高黎贡山与担当力卡山山腰，雄当村的一切又沉浸在明媚阳光下。客人启程了，昨晚没有共享完的独龙鸡就变成客人却之不恭的礼物。

6. 独龙窗口孔当村

“孔当”，独龙语意为一块宽大的坝子，在两山紧紧挟持的独龙江河谷，的确算是一块“宽大”的坝子了。从孔当东北方向笔直的高黎贡山陡坡一进入独龙江境内，只见细如抽丝的独龙江在山脚蜿蜒流淌。在山坡上左右盘旋的公路中，孔当的袅袅炊烟时隐时现。下到坡底，首先听到的是哗哗的江水声，然后是蜿蜒流淌的独龙江与沿江而列的疏疏落落的茅草房映入眼帘。最后一道急弯，车子就驶入孔当坝子、孔当村落了。

独龙江乡孔当村通民桥 （廖文英摄）

孔当以往主要是孔目（美）家族的聚居地。孔目家族自称其祖先是怒族，原住在今怒江上游的龙布松达（在西藏地区，至今仍住有怒族），从那里迁出后沿马必力河首先到了茂当（木当），以后又迁到郭劳龙河边的媂姆久当。随着人口的增加，又迁至今孔当。孔当家族可以讲7代历史，即孔当·项，孔当·开恰，孔当·此，孔当·顶，孔当·瑾，孔当·清（孔志清），孔志辉。① 大约有200年的历史，这也应该是孔当坝子开发的历史。在这片长不过千米，宽不过几百米的独龙江东岸缓坡上，每隔几十米盖一茅草房或木板房，附近几十米处盖以小仓房，在周围几十米地上种植庄稼，到山上采集、狩猎，到江里捕鱼，繁衍生息至今。江两岸平坡处是层层梯田，田间玉米吐穗含笑，

① 云南省编委会编．民族问题五种丛书·独龙族社会历史调查（一）．云南民族出版社，1981：105.

陡坡上是密密麻麻的树林，山花热情在林间显现出来向行人致意；洒落在江对岸山坡上的茅草房、木板房上的青苔诉说着古老，而坝子东坡上鳞次栉比的“安居房”的茅草顶、独龙文化符号装饰，以及穿村公路与屋内现代饮食用品，正展示着传统与现代的交接，不变的只是两岸的青山与独龙江的清流。

孔当是独龙族北部受藏文化影响，南部受傈僳族文化影响的交汇地。也是现今独龙江乡政府所在地，从县城坐车到独龙江的第一站，独龙族传统文化与外界文化在此碰撞交融。因此，孔当是外界了解独龙族文化，独龙族人了解外界文化的一个窗口。

7. 旖旎风光巴坡胜

巴坡是媒体上出现最多的独龙江风光，这与从1949年新中国成立以来至20世纪90年代末，巴坡一直是独龙江乡政府所在地有关。但更主要的还是巴坡云山雾海幻化出的旖旎风光，而且是一季与一季不同，一天与一天差异，一时与一时变幻。

从1964年修通的64公里人马驿道翻越高黎贡山垭口，银练似的独龙江在林海雾霭中不紧不慢地流淌着，缓缓绕过巴坡，好似在春秋季节间由绿到黄的层层梯田脚下舞动着一幅白练。于是，梯田、农舍、青山、云雾也随之舞动。下坡进入巴坡村，江面却隐到了梯田坡下，而江头、江尾却又向你展示着其曼妙风姿。巴坡街是世界上最袖珍的“街道”，就十几间土木结构一层或二层的房子围成一条十几米长的石板街道，与七八米见方的沙土广场。由于多雨多雾，房子、街道、广场多掩藏于雾霭中，雨滴滴答滴答地滴着，越发显得街面的寂静。偶尔传来马蹄声，这是往返于巴坡、茨开的傈僳马哥头运货回来了，小卖部里向其微笑的是其独龙族妻子与坐在柜台上等待阿爸归来的孩子。但是，如果认为这里生意凋零那就错了，小卖部里基本上能够买到在独龙江衣食住行之所需，而围绕着小卖部主烤火闲聊着的人群，他们的独龙毯下藏着的可能是各种山珍，不时还有缅甸来的名贵山货。

巴坡就是这样，只有揭开雾海才见其真容；只有掀开独龙毯，才能得到稀罕物。游人们在巴坡小卖部购足北上孔当，或南下马库，或东行茨开的用品后，一步一回头离开渐渐隐在雾海里的巴坡。于是每一幅因时因地（观赏者所在地）差异的旖旎画卷就定格在游客的心中，也散播在外界媒体中，吸引着人们前去。而巴坡的水仍然静静流动，雾仍然静静舒卷，雨滴也静静从结了青苔的屋檐滴下，马蹄声从街的这头静静地传到那头。

8. 四望皆景马库村

马库距巴坡有 14 公里，沿途景随步移，一步一景，有山有水，有树有藤，有花有草，有鸟有蝶，有牛有羊……与其说是漫长山路间的跋涉，还不如说是在自然怀抱里的流连，还有被独龙人称之为“地球肚脐眼”的山峰——一座被密林紧紧包裹着的小山包突兀于江湾之上，其旁一条支流飞溅着浪花绕过山脚扑入独龙江中。在蜿蜒南行的江边突兀着这么一座山峰，的确让人对自然造化产生许多的遐想，难怪独龙人把其想象为“地球的肚脐眼”。

马库村是一个农田与房屋都稀稀落落散布在独龙江西岸的村寨，从坡脚到坡顶沿着弯弯曲曲的山路一直往上爬，累了，可以随意进入路边的独龙人家的火塘边坐下来；渴了，喝上一碗热腾腾的漆油茶；饿了，吃上一捧香喷喷的扁米。如果不是急着赶路，过一个弯道就可以进入一个独龙人家“充电”，同时背山向江欣赏风景。如此多次，直达半山腰时的感觉就如与对岸的高黎贡山一般高了，怒江却如一根时断时续的细线连着两岸的高黎贡山与担当力卡山，其间不时被山遮挡，似乎是被扯断了。而东南方一帘瀑布闪着银光，如雷巨响日日夜夜伴随着马库人，也召唤着游人不要忘了更美的风景还在前方更远处。

清晨从马库村向南翻越一个开满杜鹃花与不知名的各色野花的山坡，在坡顶选一蓬野果一边信手放进嘴里，一边远眺一直消失在北边天际独龙江河谷及与此相依相伴的两岸连绵青山，山风从背后徐徐吹来，真是道不尽的舒服。如果向南转个身，更摄人心魄的美景又呈现在眼前：只见独龙江就在坡脚密林绕坡而行，尽管不能见到其身影，仍听得水声如雷，可以想见其冲石拍岸的壮观。但是更为壮观的还在视线远望处：白云与青山相连，白云变幻无穷，不变的是一尘不染的白；青山高低远近，不变的是青山如黛。游人到此不禁驻足感叹自然之神奇造化，路边的独龙牛也似乎颇解人意，在树下静静躺着不发出一点响声，引得游人也在其旁或坐或卧。于是，白云、青山、树木、老牛、游人又组成一幅绝美景色。

9. 浓绿世界钦郎当

有人说没有到过钦郎就不算到过独龙江，这话一点不假。从马库下山沿途远望的青山、大江、瀑布、田园就已美不胜收，但是去钦郎当可不容易，雨神对独龙江的偏爱，对钦郎当是更加明显，可用“天无三日晴”来形容。而且，即便是晴天也是东边日出西边雨，太阳雨洒啊洒，使从马库翻山到钦郎当的笔直山路举步维艰，但其中的乐趣也是无穷的。

到了独龙江四脚并用爬坡下坡已是常见，去钦郎当更要添上一个屁股才能下到坡脚。尽管可以沿坑洼不平，时有塌方阻隔的人马驿道慢慢下坡，但是远方的美景又使你想快速滑到坡底。而前人滑行出来的“路”，想要直立行走是不可能的。这样，路两边的每一根树枝，甚至每一蓬茅草都会成为你的救命草。每个人都“大”字形从山坡往下滑，或手拉或脚踩这些树枝茅草以减缓下滑速度。从山顶的青松林滑到山脚的雨林，滑过的都是满山的绿荫。最终，在一阵阵惊呼声中到了钦郎当，又跌进了一个浓绿世界。山坡上开垦出来的窄小农田，农田间的清流，爬满青苔的茅房都隐在绿色里：远处绿色的山峦、绿玉般的江面，近处绿色的野芭蕉树、绿色的野茶树，甚至如丝如缕的雨雾也泛着绿意。捧一口清洌的山泉，吸一口清爽的山风，五脏六腑都被清洗得干干净净。

躺在茅草屋里的火塘边，雨打树叶的淅沥声、江流拍击江岸的哗哗声，与远处瀑布巨响，汇成一种峡谷复调，把疲劳与睡意荡走。推开柴扉，走下木梯，是又一个浸在绿色世界里的清晨。

10. 月亮瀑布界两国

滴水岩瀑布，独龙语叫“亚巴依称”，意为从月亮上流淌下来的河流。仅从寓意上讲，瀑布的高度和宽度就够吸引人了：跌水高度120余米；宽度在四五十米；电响雷鸣般的瀑布声响更不用说，凡经过瀑布旁的人其轰鸣声萦耳三日，余音不绝。瀑从高山以几线山泉起步，一路呼朋唤友壮大体量长驱直下，然后轰轰烈烈跃入奔腾的独龙江，溅起数丈高的水柱，仿佛是激怒了潭底的蛟龙，使人心惊胆战。假如是在乌云密布的日子仰望瀑布，直觉千军万马从天际滚滚奔涌而来，仿佛是传说中洪水时代的再现，令人魂消魄散；假如是天气晴朗的时候，晶莹的水帘、水柱、水花在阳光的映射下，彩虹耀眼，雾气蒸腾，如梦如幻。好像在明月高悬之夜，银河落地，而被独龙族称为“月亮上掉下来的水”。

瀑布周围青山如黛，绿草似毯，各种甘美的野果随手可摘，鸟鸣蝶舞，不时有成群的猴子携儿带女来此戏耍，的确是一幅花果山的美景！在半山腰有一条从瀑布内侧穿过的小径却不是猴子猴孙们的水帘洞，而是由独龙江乡直达境外缅甸的唯一通道。千百年来，中缅两国的独龙族人民就是由此相互往来，互通有无。

第二节　世境变迁族称异

从有文献记载的元代开始至今，独龙族的族称几经变迁，反映了独龙族历史上的族际关系。

一、元代“撬蛮”吐蕃呼

《元一统志·丽江路》“风俗条”明确有“卢蛮”的记载，其书曰：“丽江路，蛮有八种：曰麽些、曰白、曰罗落、曰冬闷、曰峨昌、曰撬、曰吐蕃、曰卢，参错而居”。方国瑜说：“‘撬’之族名少见，字书‘撬’读牵么切，与‘求’音奇尤切，二字读音相近，则‘撬’即求江之居民，为今独龙族。……峨昌、撬、吐蕃、卢则多在西部，且吐蕃及撬在西部之北。”[①] 说明独龙族先民与吐蕃（今藏族）分布于当时丽江路的西部之北。因此，独龙族先民与同处于费孝通先生所说的“藏彝走廊”[②] 西南部的藏族之间相互接触具有地缘便利。

藏语对河流的称呼是“曲”，就把居住在独龙江中上游的独龙族称为“曲洛”。独龙研究专家洪俊说过：藏语称河流为‘曲’，‘曲子’即居在河边的人。可见，从“曲”与“撬”的发音变化看，元代或元以前独龙族先民被称呼或记载为“撬”，应该是首先来自藏语对这条河流和居住在河边的人的称呼。[③] 由此可以断定，先有藏语对独龙族的他称“撬”，然后才有被汉文献《元一统志》的记录而被内地所知。

元以后独龙族与藏族亲近的地缘关系一直未曾改变，藏族对独龙族的称呼也一直未变，外界对独龙族族称的记载也就没有改变。元以

---

① 方国瑜．中国西南历史地理考释（下册）．中华书局，1987：486.

② 费孝通．谈深入开展民族调查问题．中南民院学报，1982（3）．

③ 洪俊．独龙族源初探//怒江文史资料选辑（上卷）．德宏民族出版社，1994：45.

后，史书中或被记录为“曲”，或被写作“俅”、球（《高宗纯皇帝实录》四百三十七第十八页：“今该女土弁（即维西纳西女土司禾娘），自首交出俅（原有反犬旁，下同）夷男妇五十八名口，情愿出资送还。”《永昌府文征》卷三十三第三页：“球夷，又称曲子，散居于球江，又名曲江或毒龙江……”谢彬《云南游记》（民国十三年）：“俅夷，又名曲夷。”上述从“撬”到“曲”或“俅”（俅），仅仅是各个时代的发音稍有不同，或者用汉文记载后稍有变化而已。但无论是“曲洛”或“俅子”都可以从元代的“撬”中找到根源。李生庄说：“曲子，又作曲（原有反犬旁）子，亦曰曲夷。更有书作求、求夷。求夷或求子者，要皆译音之不同而已……又或曰：以其居于曲子江流域，故称曲子（升庄按——曲子是否因曲子江而得名，与怒子是否因怒江而得名，同为不可推知之循环理论）。”① 或许李升庄按语也不无道理，但从目前所收集到的史志记载，及独龙族的地望综合考虑，“求”、“球”、“俅”、“曲”等均来自元代的“撬”。而“撬”之名，则是因为居处靠近藏族居住地的独龙江边之故。由此也可以看出，独龙族较早接触的民族是藏族，与藏族发生联系是其历史上族际关系发展的第一步。因此，在其族源神话传说中，藏族总是占有很重要的地位，这是现实生活中的族际关系在其神话传说中的折射。

二、明清“俅扒”傈傈称

由于高山深谷所阻，从金沙江到澜沧江，再到怒江流域的道路只有有限的几条，但“由于道路相通，分别与各地有政治联系”。② 藏彝走廊乌蛮集团中分化出来的“施蛮”、“顺蛮”后裔“从不同的路线进

① 云南第一殖边区域内之人种调查//云南边地问题研究（卷上）．云南省立昆华民众教育馆，1933．

② 方国瑜．中国西南历史地理考释（下册）．中华书局，1987．849．

入怒江后，山高水深的自然环境使其各处一方，交流困难，其内部差异性增大，到元代就分化成了‘卢’蛮和‘撬’蛮”。[①] 而独龙族族称从“撬蛮”到“俅扒”的演变，却与“卢蛮”有着密切的关系。

大多数学者断定《元一统志·丽江路》“风俗条”所载“卢蛮”为今傈僳族先民，方国瑜说：“卢蛮即栗粟族。……卢在西部之南北多有之。”[②] 尤中说：“南诏、大理国时期的‘施蛮’、‘顺蛮’，随后被称为‘卢蛮’。元朝时期沿袭不改。……冰琅山（今碧罗雪山）是卢蛮的主要聚居区。”[③] 实际上“卢蛮”不仅是今天傈僳族的先民，同时也是怒族的先民，广泛分布于从金沙江到澜沧江、怒江广大区域内，与丽江路其他蛮类“参错而居”，在元代尚未发生分化。到明代以后金沙江、澜沧江流域的“卢蛮”大量西迁怒江流域，并融入早期就迁徙到此的“卢蛮”中，演变为今天的傈僳族；而并无金沙江流域的“卢蛮”融入，早先就定居在丽江路西部的那部分“卢蛮”，则为今天怒族的先民。[④] 明代以来，金沙江、澜沧江流域“卢蛮”生存空间被挤压，加之寻找经济资源而从澜沧江云龙以北至维西沿线向西翻越碧罗雪山到怒江边，仍然是元代“卢则西部之南北多有之”的分布格局的延续。其中，北部的“卢蛮”与独龙族先民“撬蛮”的居住地接近。因此，尽管从怒江西迁独龙江并融入独龙族中而成为独龙族的“卢蛮”，并非是明代从金沙江流域迁徙到怒江流域的“卢蛮”，但是，金沙江流域“卢蛮”的西迁，却对原居民“卢蛮”也产生了重要影响。首先是其生存空间受到挤压，被迫西迁，并融入元代就已存在的“撬蛮”中，成为今天独龙族的先民之一，[⑤] 这在前文所述独龙族众多氏族口述历史中也

---

① 高志英．唐至清代傈僳族、怒族流变历史研究．学术探索．2004（8）．

② 方国瑜．中国西南历史地理考释（下册）．中华书局，1987：486.

③ 尤中．云南民族史．云南大学出版社，1995：310.

④ 高志英．藏彝走廊西部边缘民族关系与文化变迁研究．民族出版社，2010.

⑤ 高志英．独龙族社会文化与观念嬗变研究．云南人民出版社，2009.

得到印证，而且在由此"卢蛮"演化而来的贡山与福贡怒族的口述历史记忆也显示彼此都有非常亲近的亲属关系。

金沙江、澜沧江流域"卢蛮"西迁怒江流域，还使独龙族先民的族称演变为"俅扒"。即将原来藏族所称的"撬"之音转为"俅"，并加以傈僳语"扒"，总称为"俅扒"。"扒"的傈僳语意思是"人"（男性）、"族"，"俅扒"相当于是今天所称的"独龙人"或"独龙族"。洪俊也指出："撬人"就是"俅人"，是根据今日之白族、纳西族、藏族对"撬"、"俅"两个汉字的发音相近以及世居地望而论。先有最先与独龙族先民接触的藏族对其他称"曲子"，[①] 到明代变为"卢蛮"对其的他称"俅扒"。

因丽江路诸蛮中与外界接触较多，而且接受汉文化较多的"白蛮"（白族）和麽些蛮（纳西族），当时都和"撬"蛮（"俅"）在丽江路辖境内"参错而居"，向外界最先介绍"撬蛮"的自然是这两个民族，在汉文化中就依据"卢蛮"对独龙族先民的他称"俅扒"加以记载。因此，"撬"、"俅"二字，是汉人根据白族、纳西族的介绍而记录的同音异写。

综上所述，"俅扒"即"撬蛮"，原因是明代以来"卢蛮"西迁怒江，进而到独龙江，与独龙族发生联系，就借用藏语之"撬蛮"称谓，称独龙族为"俅扒"（或"俅帕"）。之后，白族、纳西族又将这一称谓传给汉人，汉文献也沿用此名称，称独龙族为"曲子"、"俅子"。

有学者说，"俅帕"（俅扒）对大多数独龙族人来说是贬义词……从独龙人的角度来看，这是一种侮辱性的称呼。[②] "俅子"也是外界，主要是纳西族、白族、汉族对独龙族的侮辱性的称呼。但是，就如傈

① 洪俊．独龙族源初探//怒江文史资料选辑（上卷）．德宏民族出版社，1995：45～46.

② ［法］施帝恩·格罗斯著，周云水译．族名政治：云南西北部独龙族的识别//世界民族，2010（4）.

傈族自称“傈傈扒”，怒族自称“怒扒”、独龙族自称“俅扒”，称汉族（包括纳西族、白族等）“黑扒”一样，起初只是一般意义的族称，其“侮辱性”是两族之间不平等的政治关系，以及社会与自然资源占有不同而附带来的。因此，“俅扒”、“俅子”之族称体现了历史上独龙族与傈傈族、汉族之间的族际关系性质。

三、依河命名族称多

到清末、民国，独龙族尚未有统一的族称，而是依据居处不同河流地带就有相应的群体称谓。独龙江从北部的察隅之南至马库，全长300多公里，北部独龙语称为“独龙日买俄”——江之北，江头之意；南部茂顶称“独龙日买尼”——江尾。

1908年夏瑚勘查独龙江，对居住于曲江流域的独龙族记录为“曲人”，居住在狄子江流域的记录为“狄子”，居住在狄满江流域的记录为“狄蛮人”。[①] 大约同期李根源也记载其为“俅人”、“曲人”、“狄子”：“俅人，一名曲子，或称狄子”。[②] 20世纪30年代杨斌铨纪录为“俅民”：“俅民，又称曲子。此种人多沿俅江、狄子江、狄不勒、驼洛各江沿岸居住。”[③] 20世纪40年代的《征集菖蒲桶沿边志》说：“曲子系原始土著，现住俅江五区……所有俅境之木王坝、狄之江、狄不来江、狄瞒江、托洛江、拉达阁等地。”[④] 同期的《纂修云南上帕沿边志》曰：“俅江因曲子朴实，性极浑厚怯懦，向系归顺怒子。”[⑤] 由上可以看

---

① 夏瑚．怒俅边隘详情//方国瑜主编．云南史料丛刊第十卷．云南大学出版社，2000：150～161.

② 李根源．滇西兵要界务图注//方国瑜主编．云南史料丛刊第十二卷．云南大学出版社，2000：161.

③ 尹明德．中国方志丛书·云南北界勘查记，（台湾）成文出版社有限公司（据民国·滇缅界务调查小组报告民国二十二年刊本影印），143～182.

④ 怒江州志办公室陈瑞金整理．怒江旧志．怒江州民族印刷厂，1998：95.

⑤ 怒江州志办公室陈瑞金整理．怒江旧志．怒江州民族印刷厂，1998：68.

出，从清末到民国，今天我们称之为独龙族的这一族群并无统一的族称，所谓“曲”、“俅”皆是一个泛称，是泛指居住于独龙江、恩梅开江流域的说类似语言的一个集团，其下因居住地不同又有不同的称呼。

“‘独龙’作为一个名称来说，它只表示居住在中国云南省贡山县独龙江两岸的居民……居住在独龙江以西即缅甸境内有许多不同称谓的部落群体，因所居住的江河不同而名称相异，他们都和独龙族有密切的亲属关系。例如，居住在迪子江的同一部落称为‘迪就’；居住在迪不勒江的称‘迪不勒’；居住在托洛江的称‘托洛龙’；居住在恩梅开江上游两岸的称为‘阿迈’或‘迈哇’；居住在拉达阁的称为‘打斜’；居住在墨河一带的称‘墨哇’或‘甲又’；居住在五约、腊埂一带的称为‘折哇’、‘迪秀’。上述这些操着类似独龙语的集团，缅甸人称他们为‘日旺’。根据调查，‘日旺’这个词在独龙语中具有‘亲属集团’之意，所以中国的独龙族称上述迪就、迪不勒、托洛龙、打斜、甲又、迪秀等各个集团为‘斐千，即亲戚的意思。……这个部落集团以所居住地的江河命名，这正说明它的原始性和部落性，也说明它尚未形成统一的部族或民族。”① 可见，直至 20 世纪 40 年代末，独龙族内部，其区域性的群体很多，并各有称呼。

四、独龙族称总理定

1952 年，“独龙族”之族称诞生，这在国家主流意识与独龙族话语中都认为是“独龙族第一次有了表达自己意愿的族称”。这事件永远铭刻在与此事密切相关的独龙族第一任县长孔志清的脑海里：

> 1952 年元旦晚上，毛主席在中南海接见我们参加会议的

---

① 云南省编委会编．民族问题五种丛书・独龙族社会历史调查（一）．云南民族出版社，1981：14.

> 各族代表。陪同毛主席接见我们的还有刘少奇、朱德、周恩来等党和国家领导人，并同代表们在一起照了相。照相时55个民族选出一名代表站在毛主席身后第一排，我是独龙族代表也站在第一排。元月4号，又一个幸福的时刻到来了。这一天，周总理到礼堂看望各族代表，向每个代表一一询问叫什么名字？从哪里来？是什么民族？当总理来到我身边时，我激动得心都要跳出来了，我握着总理的手说：“我叫孔志清，从云南最边远的独龙江来，我们的民族过去被人叫为‘俅子’，我们自己称为独龙人。”总理听了后就对身边的西南局书记王维舟说：“老王，你记住，这个民族的族名，要以本民族的称谓使用，不能以别个民族的称谓为族名。”当时，我真是激动得热泪盈眶，因为从这次接见以后，我们的民族就正式定名为独龙族。这不是一个族称在字面上的确定，它体现了独龙族从此结束了被歧视的历史，真正成为我国各民族大家庭的平等的一员了。①

的确，周恩来总理对独龙族族称的关心，也标志着民族团结、平等新时代的到来。

第三节　迁徙三山遍三江

正如独龙族学者李金明所说，“我国的独龙族只是整个独龙民族中的一部分，独龙江河谷也只是独龙族先民古代从我国滇西北和青藏高原东南部向西、向南迁入缅北境内的一个中转站。大约在元代或更早

---

① 政协怒江文史委员会编．云南省怒江州民族文史资料丛书·独龙族．德宏民族出版社，1999：105.

以前，独龙族和怒族阿侬人的祖先就已经居住在今天怒江流域的福贡、贡山境内，后大部分陆续沿不同路线迁入缅北境内”，① 最终成为一个遍布怒江、独龙江、恩梅开江及其众多支流的跨境民族。

一、山地生计迁无常

清代乾隆三十四年（1769），余庆远兄余庆长任云南维西厅通判，余庆远随兄至维西官廨，而著《维西见闻纪》。其中有关于独龙族与贡山怒族生产生活的记载：

> 怒子，居怒江内，界连康普、叶枝、阿墩之间，迤南地名罗麦基，接连缅甸，素号野夷。男女披发，面刺青文，首勒红藤，麻布短衣，男著袴，女以裙，俱跣。覆竹为屋，编竹为垣。谷产黍、麦，蔬产薯、蓣及芋。猎禽兽以佐食，无盐，无马、骡。无盗，路不拾遗，非御虎豹，外户可不扃。人精为竹器，织红文麻布，麽些不远千里往购之。②

方国瑜认为此史志记载之“怒子”可能是“俅子”。方国瑜说：“以今路程考之，自维西至岩瓦（在康普南一日程），澜沧江五日至怒江边，渡江即茨开（菖蒲桶南一日程），又五日至求江之茂顶。③ 则雍正八年至维西之怒人，可能是求江居民，清代归维西厅管辖。”④ 前文已论证独龙江独龙族与贡山北部丙中洛怒族同源，所以方国瑜的考证不无道理。那么，到清代乾隆年间，俅子生产生活还是比较传统的。

① 李金明，杨将领．中、缅跨界独龙族：自称与他称释义．世界民族，2010（4）．

② 余庆远．维西见闻纪//方国瑜主编．云南史料丛刊第十二卷．云南大学出版社，2001：65．

③ 杨斌铨．路程//云南北界勘察记卷三．

④ 方国瑜著．中国西南历史地理考释（下卷）．中华书局，1987：847．

生产方面，农作物有黍、麦、薯、荍及芋，需要依赖猎禽兽作为补充。本地不产盐；也无马与骡，所有耕作背负皆靠人力；善于编织竹器，作为与外界的交换品。生活方面，头饰为男女披发，面刺青文，首勒红藤；衣服男女有别，皆麻布短衣，但男穿裤，女穿裙，都赤足。住宿为竹篾墙、竹篾顶的竹篾房。社会道德方面，没有盗贼，路不拾遗，夜不闭户。

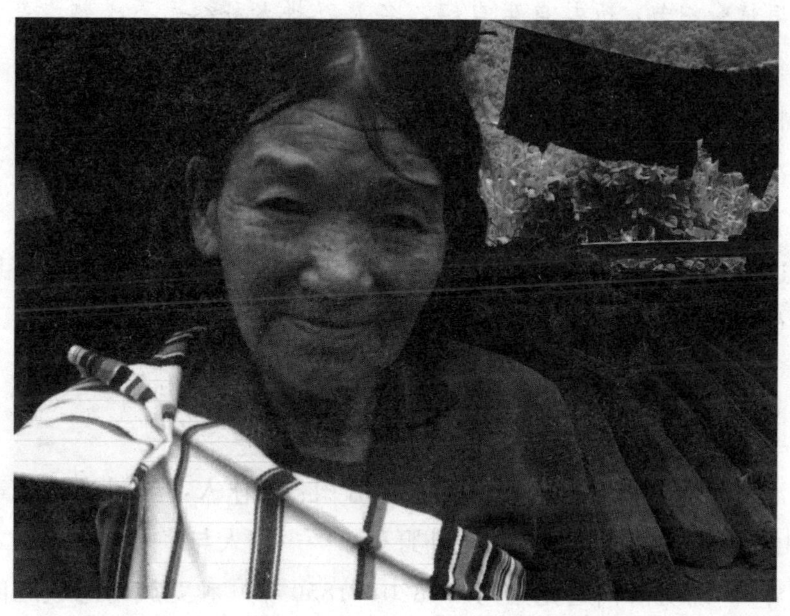

独龙族文面女　（高志英摄）

清末，夏瑚勘查独龙族后，对独龙族山地生产生活有一段详尽的描述：

唯上下江均系地广人稀，恒三五十里始得一村，每村居民多至七八户，少或二三户不等。每户相距，又或七八里十余里不等。江尾曲、傈僳杂处，居民较上下江为稍密，每村有多至二三十户者。房屋系随结竹木，盖以茅草，房中烧火一堂，家人父子围炉歇宿。人多之户，有烧火二三堂者。家有粮食布饰等件，则于附近山林密处，另结茅屋数处，分别储存，日需若干，临时始往取用；六畜惟鸡犬豕三项，马牛羊则无之矣。江尾虽间有曲牛，并不以之耕田，只供口腹。农器亦无犁锄，所种之地，惟以刀伐木，纵火焚烧，用竹锥地成眼，点种包谷。若种荞麦稗黍等类，则只散撒种于地，用竹帚扫匀，听其自生自实，名为刀耕火种，无不成熟。今年种此，明年种彼，将住房之左右前后地土，分年种完，则将房屋弃之，另结庐居，另坎地种。其已种之地，须荒十年八年，必俟其草木畅茂，方行复坎复种。[①]

这是典型的刀耕火种农业，导致其为游耕而不断迁徙，这与其口传迁徙历史是相吻合的。

二、强邻掳掠散密林

清道光《云南通志》卷一百八十五曰：“俅人，居澜沧江大雪山（怒山）外，系鹤庆、丽江西域外野夷。……俅人与怒人接壤，畏之不敢越界。”说明清代道光年间（1820～1850 年）独龙族与怒族之间已经有了明显的“族群边界”，这“族群边界”包括地理边界和“畏之不敢越界”的心理边界。这应该是由于两地地理区位不同，导致社会发展有了差异；更主要的是维西纳西族土司在傈僳族与怒族中任命“俅管”管理独龙族，使二者的社会地位发生了变化。此外，北部的藏族也将统治势力伸向独龙江，独龙族就以独龙江上下游分属于藏族土司、维西纳西族土司委派的“俅管”，又因傈僳族、怒族中“强人”的侵凌

① 夏瑚．怒俅边隘详情//方国瑜主编．云南史料丛刊第十二卷，云南大学出版社，2000：164.

掳掠，人寡势弱的独龙族就不得不散居人迹罕至的密林中生存。

新中国成立前，独龙族居住于人迹罕至之地，与其历史上一直处于四境强邻弱肉强食的境地有关。这在蔡家麒的调查报告中有详尽描述：独龙江一带土匪“达布”活动猖獗，多数是从今天缅甸境内拉达阁和国内福贡、贡山一带来的。他们携带砍刀、弩弓等武器，恣意杀掠，砍死男子，抢走妇孺，并将他们连同孩子押送至察瓦龙一带出卖为奴……就在以往格外恐怖的年月里，有许多独龙人长期在大树上筑屋居住。他们总是在一般人难以达到的地方，选择高大结实的树木，砍去上端的树枝，利用枝桠支撑，铺竹板当地铺，四周用藤条绑上竹篾或树皮作挡墙，上覆茅草或树皮，以避风雨。这种搭建在树上的房子称为“新阿当”，大间的能置两个火塘，小间的置一个火塘。用圆木凿槽，便于登脚上下（迄今许多独龙族的房舍，仍凿槽于圆木当梯）。树屋距地面较高者，需用三段以上的圆木，分段架在树桠上。入夜，要撤去接连地面的那一段圆木，以策安全。白天，于树端时常了望来往路上的匪情，一旦发现有异，全体迅即下树逃逸，分散隐匿。[①] 在此情势下，独龙族也需要选择人迹罕至的深山密林居住，而不敢定居于交通便利之地，这更导致其与外界，乃至内部交往的阻隔。

三、峡谷之子居峡谷

独龙族发展到氏族社会阶段，出现了有各自族称的十几个氏族，为禁止同胞兄弟姊妹婚姻创造了条件。独龙语称氏族为“尼勒”（又写作“尼柔”）。尼勒最初是代表有共同血缘关系的部落、氏族共同体。20 世纪 40 年代末，整个独龙江地区大约有 15 个氏族：①夏木来；②江勒；

---

① 蔡家麒著．独龙族社会历史综合考察报告（专刊）．云南省民族研究所，1983：41.

③木江；④凯而却；⑤陇吴；⑥郭劳力；⑦马必力；⑧木仁；⑨狄巴；⑩嗳沙；⑪哇策；⑫滴朗当；⑬戛木力；⑭及木当；⑮丙当。①

在 48 个自然村当中，氏族数普遍比较少，氏族数在 3～4 个的有 34 个村，占 71%，而仅有 2 个氏族的有 11 个村子，占 23%。分析其原因，是刀耕火种的经济生活决定人们必须在一定的时间、空间范围内迁徙，因为单位面积土地所能承载的人口有限，因而各自然村的人户自然就受限制。值得注意的是，刀耕火种的经济生活也决定了他们必须选择在森林植被较好的地方，却并不把交通的便利放在主要地位来考虑，因而村落多分布在海拔 2000 米上下的河谷阶地或山麓平台上。

① 云南省编委会编．民族问题五种丛书．独龙族社会历史调查(一)．云南民族出版社．1981：23.

第二章

人口变化

独龙族是云南省人口最少、中国人口较少的民族，2010 年第六次全国人口普查数据显示：云南省独龙族人口为 6930 人，占总人口的比为 0.0005%；中国独龙族人口有 7624 人（男 3649 人，女 3722 人），在中国 56 个民族（中国大陆地区）中，人数仅多于塔塔尔族、赫哲族、高山族和珞巴族。独龙族人口之所以如此少，人口基数小是主要原因；另外，生产生活条件，尤其是医疗卫生条件长期得不到根本性的改善也是原因之一。

第一节　从少到多逐年增

20 世纪以来独龙族人口规模的变化，也反映了独龙族生产生活的演变。

一、人口规模呈增长趋势

独龙族人口规模，以下三个时期变化比较明显。

1. 20 世纪前半期的独龙族人口规模

1949 年新中国成立前的独龙族人口与全国一样，同属于高出生率、高死亡率、低增长率的传统人口再生产类型，只是程度更甚，即早婚早育现象更严重，死亡率更高，平均寿命更短。

1932年，国民党在独龙族茂顶（今巴坡）设置公安局，当时全区只有240户，2500人，平均每户有14人。①

1933年，李生庄著《云南第一殖边区域内之人种调查》，首次提到独龙族人口。他说：（独龙族）“无具体调查，然至多不过数千人”。②

1935年，陶云逵进独龙江进行人类学调查，其日记说：“贡山全区人口为8333人……俅子则至百分之五十。”并说：“俅子均居高黎贡山之西，毒龙河流域。而此地带为滇缅北段未定界，故人口伸缩性甚大也。”③

成稿于20世纪30年代末的《贡山设治局调查报告》中，开始出现独龙人（俅子）人口比较明确的数据：“据设治局调查，全属俅子共1404人。据笔者参阅其他记载并照商人传说，估计本属俅子约在2000人以上，占全区人口十分之二。”而据同书表格《贡山设治局户口表》载，“孟顶（独龙江）乡，212户，男807，女509”，即只有1316人。④大约成稿于20世纪30年代末的《征集菖蒲桶沿边志》说：“俅江有12村，共有88户。”⑤依据当时每户平均人口数，仅千人左右。可以看出，20世纪50年代前，所谓“俅子族”，其人口不过2000多人。

2. 20世纪50～70年代独龙族人口规模

1949年新中国成立以后，独龙族的人口发展与人口统计工作受到政府的重视，20世纪50年代民族调查资料中均有独龙族人口数字。

---

① 云南省编委会编．民族问题五种丛书之一·独龙族社会历史调查（一）．云南民族出版社，1981：15.

② 云南昆华民众教育馆编．云南边地问题研究．1933.

③ 陶云逵．俅江纪程//云南省民族研究所编．云南省独龙族历史资料汇编．1964.22.

④ 西南民族学院图书馆编印．云南傈僳族及贡山福贡社会调查报告．1986：165～166.

⑤ 陈瑞金辑录．怒江旧志．怒江民族印刷厂，1998：104.

据1950年贡山人民政府材料，独龙江流域有俅人149户、686人。[①]

1955年人口调查统计，全区273家，2354人，男1146人，女1208人。[②]

1956年独龙族人口有2500多人。[③]

据1956年怒江傈僳族自治州人民政府资料，独龙族有3468人。[④]

1957年有329户，2251人。[⑤]

《傈僳族、怒族、勒墨人（白族支系）社会历史调查》也说当时独龙族有2520人。[⑥]

从1978年开始，怒江州与贡山县的统计资料里，开始有了独龙族人口的确切统计。1978年独龙族有3868人[⑦]，在21年时间里，比1957年的2251人增加了近1617人。说明随着社会经济的发展，独龙族人口逐年增长。但因人口基数特别小，其短期内的发展仍然是有限的，这是独龙族一直成为中国人口特少民族之一的主要原因。

3.20世纪80年代以来独龙族人口规模

从1978年开始，独龙族有了确切的人口统计数据。可以从独龙族

---

① 云南省编委会编．民族问题五种丛书之一·中央访问团第二分团云南民族情况汇集（上）．云南民族出版社，1985：1.

② 云南省编委会编．民族问题五种丛书之一·独龙族社会历史调查（一）．云南民族出版社，1981：15.

③ 云南省编委会编．民族问题五种丛书之一·独龙族社会历史调查（一）．云南民族出版社，1981：1.

④ 云南省编委会编．民族问题五种丛书之一·云南少数民族社会历史资料汇编（二）．云南人民出版社，1987：1.

⑤ 民族问题五种丛书之一·独龙族社会历史调查（一）．昆明：云南民族出版社，1981：15.

⑥ 云南省编委会编．民族问题五种丛书之一·傈僳族、怒族、勒墨人（白族支系）社会历史调查．云南人民出版社，1984：2.

⑦ 怒江州统计局编．怒江傈僳族自治州建州五十周年统计年鉴（1995～2004年）.2005：11.

聚居地独龙江乡、贡山县、怒江州三个层面来看。

作为中国独龙族唯一的聚居地，独龙江乡独龙族人口 1991～2005 年的发展有增也有减，出现了四次增长与四次负增长。与 1957 年独龙江独龙族人口仅有 2251 人相比，到 1997 年 40 年间增加了 1628 人；而从 1955 年的 2354 人到 2005 年 50 年间年增加了 1698 人，说明总的趋势是独龙江独龙族人口在不断增长。

1980～2010 年，贡山县独龙族人口从 3784 人增加到 5425 人，30 年间增加了 1641 人，年均增长 54.7 人。其中，1981～1985 年间增长最多，5 年间增加了 878 人；1990～1995 年增加最少，5 年间只增加了 51 人；进入 21 世纪，独龙族人口开始平稳发展，每 5 年平均增加 147 人左右。其人口总趋势仍然是在不断增长。

二、人口素质明显提升

一方面是学校教育的发展。1951 年年初，贡山县政府首次派出教师前往独龙江办学，1952 年 3 月正式开办独龙江畔有史以来的第一所小学——巴坡小学，第一批招收了 30 多名独龙族学生，结束了独龙江没有学校的历史。1966 年独龙江地区小学发展到 16 所，高小 5 所，在校学生 490 多名。1969 年孔目小学开设附设初中班，到 1979 年结束的 10 年间，共招生 8 个班，毕业 209 人。1981 年巴坡完小开办寄宿制高小班，1981～1996 年共招生和毕业 554 人[①]。1982 年，大专毕业 6 人，大专肄业或在校 2 人，高中毕业 69 人，初中毕业 201 人，完小、普小毕业 696 人，有小学一年级文化程度的人约 1447 人。[②] 1983～1996 年升入高中 291 人，升学率达 64%，巩固率达 99%。到 1991 年年底，

---

① 政协怒江州文史委员会编．独龙族．德宏人民出版社，1999：186.

② 蔡家麒．民族调查研究·独龙族社会历史综合考察报告（专刊）．云南省民族研究所，1983：126.

独龙江乡有初级小学12所，完全小学1所，在校生490人，适龄儿童入学率达66.7%。1990～2000年独龙族人口的文化素质提高更快，[①]比之新中国成立前的仅有两个读书人发生了翻天覆地的变化。

另一方面是生产发展，营养改善，医疗卫生条件改善，实行婚姻法，使早婚、近血缘婚、早育、多育等现象逐渐减少。如此诸多因素的变化使独龙族的人口素质得到提高，也使独龙族的生育观念发生演变。

独龙族儿童　（高志英摄）

三、环境与疾病

医疗卫生条件得改善。独龙江独龙族人口的死亡率是与其疾病相关联的，而疾病又与其医疗卫生条件有着密切的关系。从其地理环境看，独龙族主要居住在滇西北高山峡谷的独龙江两岸，四周山体高耸，河谷深切，峭壁千仞，人们往来时常爬天梯、攀绝壁、过溜索和藤蔑吊桥。降水量大（接近4000米毫米），气候潮湿，主要聚居的河谷底部亚热带常绿阔叶林地带夏秋炎热，毒蚊滋生。这样的环境造成地方

① 贡山独龙族怒族自治县第五次人口普查办公室编．贡山独龙族怒族自治县2000年人口普查资料．2003：73～77.

病与不幸事故死亡率高。①

独龙江地区历史上为疟疾、痢疾流行区，还有瘴气、麻疹危害。而从医疗卫生条件看，缺医少药的状况在独龙江地区长期存在。新中国成立前，独龙人无医无药，如果人得了病只能求神祭鬼；疟疾、麻疹、痢疾等传染病行而不止。新中国成立后，独龙族的医疗卫生条件得到改善。1959年，独龙江地区成立了卫生所，并于20世纪60年代在龙元、献九当、孔当等地设立医疗点，使独龙人看病就医方便多了，使人口得以稳定增长。1960～1965年独龙江人口平均增长速度达35.5%，为历史最快时期。除1955～1960年大搞农田基本建设，使群众生活水平有所提高外，医疗条件的改善，使死亡率降低也是其主要原因。②

如今独龙江乡有一个乡卫生院，床位15张，有6个村卫生室。不算部队的医疗点，全乡有中医师1人、西医师3人，中药师1人、西药师1人，西药士4人，护士1人，检验师1人，西药具士1人，管理人员1人。每年还有州医疗队巡视。一些常见病、多发病和简易手术，乡卫生所都能胜任。但独龙族居住分散，交通困难，整个独龙江乡缺医少药的局面仍未彻底改观。③

① 何大明．高山峡谷人地复合系统的演进——独龙族近期社会、经济和环境的综合调查及协调发展研究．云南民族出版社，1993：32.

② 何大明．高山峡谷人地复合系统的演进——独龙族近期社会、经济和环境的综合调查及协调发展研究．云南民族出版社，1993：34.

③ 何大明．高山峡谷人地复合系统的演进——独龙族近期社会、经济和环境的综合调查及协调发展研究．云南民族出版社，1993：35.

第二节　人口结构逐年变

一、年龄结构代不同

据蔡家麒 20 世纪 80 年代调查的 21 户 219 人，90 岁以上的有 2 人，占调查对象人口总数的 0.1%；80～89 岁者有一人，占 0.05%；70～79 岁者 5 人，0.23%；60～69 岁者 7 人，占 0.32%；50～59 岁者有 6 人，占 2.27%。上述 50 岁以上者共计 21 人，占总人口的 9.58%，说明 50 岁以下人口占 90.42%，① 其中高寿者并不多。

独龙族老人　（高志英摄）

① 蔡家麒．民族调查研究·独龙族社会历史综合考察报告．云南省民族研究所，1983：52～63.

2000年人口普查资料显示：全国7400个独龙族中，少年儿童人口（0～14岁）比重为29.13%，劳动年龄人口（15～64岁）比重为65.27%，老年人口（65岁及以上）比重为5.59%。与1990年相比，少年儿童人口比重下降了13.25个百分点，劳动年龄人口比重和老年人口比重分别增长了12.26和0.99个百分点。说明随着生活条件、医疗卫生条件的改善，独龙族的生育率下降，而人口寿命增长，使劳动年龄人口的老年人口比重增加。

二、性别结构

从以往独龙族的调查资料来看，没有发现因为男女比例失调而影响婚嫁的情况。2000年，独龙族男女性别比为96.61，说明独龙族人口的性别结构是自然的，也是合理的。

独龙族男子　（高志英摄）

进入21世纪以后，独龙江乡男女性别比有了一定的变化。不过，从整个民族而言，独龙族男女性别比还是协调的，因为独龙族的传统的生育观里没有重男轻女的思想，生女生男都一样，都受到父母家人的喜爱。

三、文化教育结构

民国十二年（1924年），贡山设治局在所在地打拉与永拉干、茨

开、普拉底开办了小学。[①] 民国十九年（1930 年），省教育厅批准成立贡山两级小学，校址设于打拉。民国二十四年改为省立贡山小学，二十五年批准设立“省立茨开完小”，学生自愿报名入学。对边远山寨无人自愿报名的地方，则分配名额，由保甲长负责督促农民送子入学。贡山省小创办计 13 年（1925～1948 年），培养了一批人才，其中有独龙族孔志清与黎明义。他们既是新中国成立前独龙族接受学校教育最早的人，也是独龙族中最早的共产党干部。1952 年贡山独龙族怒族自治县成立，孔志清被培养为独龙族第一任贡山县长。

新中国成立以来，独龙族的学校教育从无到有，发展极快。1951 年年初，贡山县政府首次派出教师前往独龙江办学，1952 年 3 月正式办起了独龙江畔有史以来的第一所小学——巴坡小学，独龙江学校教育由此开端。[②] 1959 年全区建有 1 所完全小学、4 所村校，在校学生 180 多人。1965 年小学增至 7 所，学生 410 多名。[③] 1966 年在孔目小学开设了附设初中班，即后来的独龙江中学，又称贡山县第四中学。独龙江中学从 1969 开办到 1979 年结束，尽管办学时间不长，却使独龙江乡每个村寨都有了初中毕业生。1981 年 9 月，县教育局在巴坡完小内开办了寄宿制高小班，解决了贫困学生的食宿困难，使生源得以巩固。2001 年教职工 15 人，其中专任教师 12 人。在校生一年级 23 人，二年级 23 人，三年级 21 人，四年级 19 人，五年级 40 人，六年级 55 人，共计 191 人，其中寄宿制生 95 人。

但是，独龙族农村人口的文盲率仍然是比较高的，教育条件有待进一步改善。

---

① 《怒江文史资料》编委会编．怒江文史资料选辑（第九辑）．1991：32～36.

② 陈万金．艰苦创业中办起的第一所独龙江中学//政协怒江州文史委员会编．怒江州民族文史资料丛书·独龙族．德宏民族出版社，1999：190.

③ 杨茂．回忆独龙江第一所完小的创建//政协怒江州文史委员会编．怒江州民族文史资料丛书·独龙族．德宏民族出版社，1999：187.

四、迁移和流动

改革开放以来，由于改革开放的社会背景，独龙族人口的流动、迁移与分布的范围、规模、频率比以往任何时期都大。并且进入20世纪末以来，独龙族的流动由过去的政府行为为主到政府与民间行为并重，即与异民族的交往前所未有的密切，形成了独龙族“走出去”和其他民族“走进来”的人口对流。从调查资料看，独龙族在独龙江内的迁移流动主要通过异地搬迁。2002年是政府组织异地搬迁工程实施的第三年，以政府资助的方式把原来分散居住在深山老林的独龙族，动员集中搬迁到独龙江边居住；生存环境极差的村寨则由政府择地搬迁到条件较好的地方，多在江边，人马驿道旁居住。1999～2002年，孔目和巴坡村部分安居工程共201户共999人，迪政当村向红组28户，巴坡村斯拉洛组19户共235人，孔目村20户近一百人。与此同时通过升学、就业、婚姻、经商、打工、服兵役等途径外流的独龙族人口也逐年增加，甚至在昆明、北京、上海、广州等大城市也有独龙族零星分布，其中以贡山县城茨开镇与怒江州府六库镇为多。独龙族不再是封闭于独龙江峡谷的“太古之民”了。

第三节　单一农民到多行

一、20世纪前半期全民皆农

20世纪前半期的独龙族以农业生产为主，尽管有竹编、织麻、修补铁器的小手工艺，但是仅仅只作为农业生产的补充，全独龙江没有一个专职的竹编师，也没有专职的织麻师与铁匠。他们只是在农闲季节利用空余时间从事这些活动，而且大部分产品都是用于家庭自供自

给。即便为别人加工，也只是收一点酒、苞谷之类的象征性的劳务费，都并不以此谋生。

1949 年以前独龙族也需要以土特产品交换外界的生产生活用品，但是无论是物物交换，还是以货币为媒介的交换，独龙人都没有脱离原始的农业生产方式。因此，20 世纪前半期独龙族并无社会分工，全是靠土地吃饭的农民。

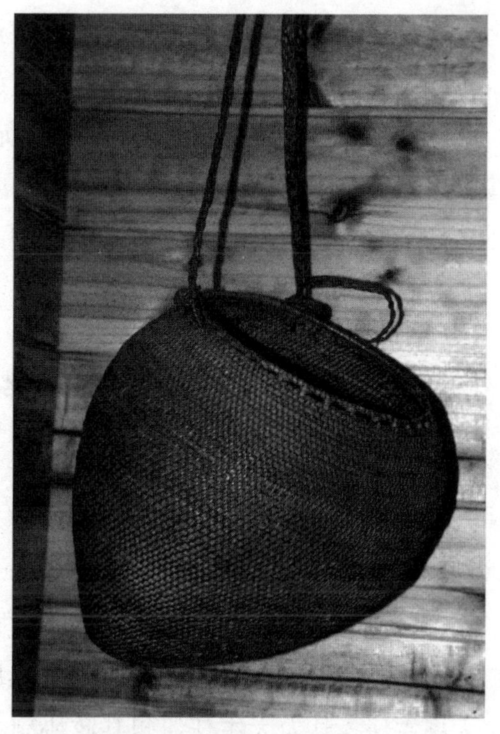

独龙族藤编挎包　（杨兴斌摄）

二、20 世纪 50～70 年代职业多元化的开启

1949 年贡山解放之后，在共产党民族政策引导下，独龙族的就业出现变化。首先是出现了一些干部，有的在独龙江工作，有的在县城及其附近乡镇工作。尽管在不同部门工作，但是皆统称为“独龙族干部”，此时期独龙族的就业出现了二元化——农民与干部。

孔志清就是独龙族干部中的典型。1956 年贡山独龙族怒族自治县成立，孔志清被当选为贡山县第一任县长，成为独龙族最早的干部。大约同期参加工作的还有与孔志清一起进过国民党在贡山开办的学堂的黎明义，以及独龙族基督教头人马巴洽开（1952 年任独龙江区副区长）。

共产党一直重视独龙族干部的培养。如白丽珍，独龙族第一批女干部之一，1971 年任怒江州委常委，1973 年被任命为州委副书记，州革委会副主任兼州妇联主席、工青妇党组组长。又如贡山县第二任独龙族县长巴国新、独龙族第一个电影放映员孔瑞荣、独龙族第一代女售货员等都是这一时期成长起来的独龙族干部。可见，20世纪50年代以来，独龙族社会不再仅仅是依附于农业、农村的农民，而是出现了一批干部，他们活跃的领域不仅仅是政府部门，也有技术部门，是独龙族职业多元化的开启。

三、20世纪80年代以来的职业多元化

到20世纪80年代，经过30来年的学教教育，一大批独龙族读书人已经具备了走出独龙江参加工作的条件，加之共产党民族政策的优惠，更多的独龙人走向了非农岗位。

据调查，1999年，省、州、县国家机关中共有130多名独龙族干部，独龙族有史以来第一次有了本民族的正副乡长、正副县长、州人大副主任、县人大主任，州县政协副主席和县直各部委办局的正、副职，全国人大代表及政协委员，而且第一次有了本民族的学者、教授、主治医师、农艺师、图书馆馆员等。据2000年统计，新中国成立以来，独龙族中已培养出地（市）级、厅级干部5人，县处级干部10人，乡科级干部31人，先后有11人被选为全国和省人大代表，有2人为全国政协委员、5人选任省政协委员，2人选任州人大副主任，2人长期选任怒江州政协副主席，还有一人曾选为团中央候补委员。独龙族专业人员中，有3人有副高职以上职称，5人取得相当于讲师一级的任职资格，2人取得农艺师任职资格，1人取得图书馆馆员职称。此外，还有一大批专业技术人员正在成长。如独龙族第一个研究员李金明，独龙族著名女学者、作家罗荣芬，在学界已产生影响。另外，杨将领、李爱新、曾学光、陈建华等一批青年学者也在不断成长。

与此同时，在独龙族农民中还产生了一批小商人。与外界交流的

增多，激发了少部分独龙族群众的商品意识，成了独龙族的第一批小商人。21世纪初，整个独龙江流域，以巴坡和孔目为主，有20家左右独龙族经营的小卖部，主要出售当地生产生活必需品，流动资金从几千元到上万元不等。这批独龙族人率先放下锄头，离开土地，当起了小店主。另外还有差不多相同数量的走贩，往返于贡山、孔目、巴坡与缅甸之间。

第三章

社会组织、生活与文化

独龙族长期隔绝于独龙江峡谷，历史上受外界影响小，导致其社会组织、生活与文化方面保留着传统特征而被外界称为“宛然太古之民”。

第一节　民族传说话源流

一、历史记忆

根据20世纪50年代末的调查，独龙江独龙族约有15个氏族，这15个氏族所属的家族，大约有54个（加上马库共有71个家族）。① 他们各自有自己的族源、迁徙历史传说。概括起来，有以下几种说法。

1. 世居斯土为土著

木滋印氏族又称“木金”、“木克央”等，是一个人口较多，分布亦广的氏族，整条独龙江的两岸都有其氏族的人。

---

① 蔡家麒著．民族调查研究·独龙族社会历史综合考察报告（专刊）．云南省民族研究所，1983：11.

传说，孟登木地方最早是德梅当氏族的人居住。有一次在他们来往的路上“王吐当”上面的“南木滋那卡当”处发现一群没有头发、光秃着脑袋的人，就问他们：“你们这么多的人是从哪里来的?”这群人不说话，全体只是抬头仰面朝着天上望了望。相传他们是在一个晚上从天上掉下来的，叫“木滋印”人（可能是从今高黎贡山以东翻山下来的）。德梅当氏族的人很是奇怪，不放心地经常来查看他们。发现这群人上到山坡和崖石上四下观看周围的地方，然后搬到下面“永王当”去了。过了三天，德梅当人又去永王当看他们，见到木滋印人用竹子盖了一座大房子，里面有九个火塘，人数不少。他们开始过着刀耕火种的生活。

木滋印氏族长期同德梅当氏族相处。传说有一回德梅当氏族的人在山坡上砍树烧荒种地，有一棵被放倒的大树正好压在“新能卜郎”（住在山林里的一种鬼）睡觉的青苔上，恶鬼并不报复他们，却为此作害木滋印氏族，它们每吃一人，就将青苔放在被吃者的床铺上。人不见了，只见一堆青苔，人们知道这是“新能卜郎”干的。最后还剩下 3 个人时，这 3 个人将屋子支撑火塘的竹架子砍断，火塘升向天上又落下来，他们从火塘窟窿下逃走了，跑到绑剥（即巴坡）下面的一小块平地上，砍了些竹子编成竹筏顺水漂流到木克木当地方住下。以后人口越来越多，于是一部分人顺江而下，先后去了今天缅甸，而另一部分人逆江而上，广泛分布于沿江两岸。从此，木滋印氏族就分散在各地。

20 世纪 80 年代，据独龙江最老的老人马巴洽给说，木滋印氏族所属的各个家族今天已灭绝了的有两个，尚有 16 个，由北往南沿江分布直到缅甸克钦邦境内，还有一个氏族东迁居住于贡山茨开。[①]

2. 怒江迁入与怒亲[②]

马必力氏族分化成了今日的学哇当、丙当、马必力、孟顶4个家族。自称其祖先是怒族，原住怒江两岸的日目当，与孔当家族的祖先毗邻。只因在他们的水源处多蛇，人们不敢去打水吃，后来用弯弓射死了毒蛇，而水却从此干涸，于是他们只好分散离开故居。有一部分迁入藏区，另一部分顺怒江而下迁到马神当（今贡山二区），还有一部分则西迁马必力河至茂当居住，以狩猎为生。后因追一只马鹿至林巴当，马鹿失踪，留下一只脚印。他们见这里地形较好，就试种了随身所带的种子，长得很好，于是他们便迁居到此。在同来的三对夫妇中，一对中途害怕返回；第二对夫妇留居，发展成为今日学哇当、丙当等家族；第三对夫妇一直南迁到孟顶形成另一个家族，即茂顶家族（孟顶）。“以上这些传说有一个共同点，即他们的祖先原是怒族，住在怒江地区，只是随生产的转移而来到独龙河，形成今天独龙族的一部分。”[③]

---

① 蔡家麒著. 民族调查研究·独龙族社会历史综合考察报告（专刊）. 云南省民族研究所，1983：11.

② 云南省编辑组编. 民族问题五种丛书·独龙族社会历史调查（二）. 云南民族出版社，1985：17.

③ 云南省编辑组编. 民族问题五种丛书·独龙族社会历史调查（二）. 云南民族出版社，1985：18.

3. 内地迁入历史久①

还有的氏族主要居住在独龙江尾孟库（马库）地方，其家族分布在龙元地方的当赛义，多数在缅甸境内分布。传说他们是“姜人”（藏族称纳西族为“姜”），最早是从丽江纳西族住地迁到这里的。先迁到江尾的滴郎当，后来才搬到孟库来的。他们沿山种了不少旱谷，蹲在山地上弯腰查看旱谷谷粒长的是否饱满，以便决定这一带土地是否适于耕种和居住。滴郎当氏族的人称“姜人”这种下蹲弯腰弓背的姿式叫“孟库”（独龙族在坡地上进行刀耕火种，不需要弯腰，故对弯腰种地感到奇怪），并叫他们住到江西岸去，从此孟库氏族的人在此定居下来。后来，滴郎当氏族的姑娘嫁给了孟库氏族的男子，成了孟库氏族最早的亲戚，而孟库氏族的姑娘嫁给了甲贡氏族的人作妻。

据调查，独龙族各氏族以往迁徙流动的主要原因在于：寻找可耕土地和渔猎场所，逃避流疫，逃避外族压迫以及为了通婚等。② 独龙族的族源神话和迁徙历史，显示出独龙族与怒江流域的怒族、傈僳族关系亲近，特别与怒族有着非常亲近的血缘关系。

二、命名

1. 地名排行成人名

独龙人的名字中实际上并无姓氏，命名大都是排行冠以地方名称的简称组成。如“芒邦加·朋”，意思是芒邦加那个地方的老大，老二则称

① 蔡家麒著. 民族调查研究·独龙族社会历史综合调查报告（专刊）. 云南省民族研究所，1983：14.

② 蔡家麒著. 民族调查研究·独龙族社会历史综合考察报告（专刊）. 云南省民族研究所，1983：16.

"芒邦加·丁"，老三称"芒邦加·肯"。女的命名也和男的一样，但排行的称谓与男性不同，如大女儿称"芒邦加·乃（[illegible]）"，二女儿称"芒邦加·拟（妮）"。地名加排行组成人名，显示了独龙族的土地意识与长幼秩序。

外人称呼一个家庭的成员时，不是直接称呼老大或老二，而是以这个家庭的家长为中心来称呼的，如"芒邦加·丁"是这一家的老二，他的儿孙别人就称为"芒邦加"老二家的大儿子，或"芒邦加"老二家的二孙子，而不直接叫本人名字。称呼名字时对家长的强调，则反映出独龙族的家庭长权威。

独龙族妇女　（高志英摄）

独龙族的命名虽然没有冠以姓氏（也有一些是地名、家支名称及排行连在一起的），但这个地方的人搬到其他地方居住，子孙仍然沿用原来的地名，如"芒邦加·丁"（老二）搬到木刻戛居住，但他本人仍称"芒邦加·丁"，他的儿孙仍然称"芒邦加"，而不冠以"木刻戛"。事实上地方名称已成为氏族或宗族的名称。从未相识的人，互相介绍了名字以后，就知道是不是亲戚，这就可以避免家族内婚。①

---

① 云南省编委会编．民族问题五种丛书·独龙族社会历史调查（一）．云南民族出版社，1981：9.

2. 祖父子名连三代

独龙族名字的结构比较复杂，除采用祖、父、孙 3 代连名外，人名的前面还必须冠以居住的地名或家族名，加祖父母名，再加父母名，再加上本人爱称即排行，构成本人名字的全称，即“地名或家族名—祖父名—父名—子名（女名）”。

独龙族连名制结构有 4 种形式：外祖父名—母名—女名；外祖父名—母名—子名；祖父名—父名—女名；祖父名—父名—子名。从母系算计的前两种形式，名字前需冠以母亲家族所居住的地名或家族名；从父系计算的后两种形式，名字前需冠以父亲家族所居住的地名或家族名。独龙族父系连名制与母系连名制并存，与独龙族社会男女平等有关。

20 世纪 50 年代开办学校以来，大多数独龙孩子由其老师决定姓氏与取名字，如马库人姓马，戛木力人姓高，并加上“金明”、“德荣”之类的名字。

三、传统组织

1. 氏族家族同并存

独龙族社会是在氏族基础上结合血缘与地缘建构起来的，但是氏族组织在独龙族社会的生产生活中已不再有重要作用，真正发挥作用的是家族组织，有些氏族在历史发展中，因人口增长，或者搬迁，而分化出一些家族；有的氏族却一直保持其组织机构，并长期与家族组织并存。

20 世纪五六十年代独龙江氏族、家族名称及分布①

“尼柔”（氏族）	“日旺”（家族）	村寨
戛木力氏族	东根家族、迪政当家族	一村
	陇总家族、迪朗家族、白利家族	二村
	戛木力家族	三、四村

① 云南省编辑组．民族问题五种丛书·独龙族社会历史调查（二）．云南民族出版社，1985：24～25.

续表

“尼柔”（氏族）	“日旺”（家族）	村寨
江勒氏族	熊当家族、龙棍家族、数可家族、芒瓦家族、木赖家族、迪修当家族	一村
	双拉家族	丙中洛
木江氏族	布朗家族、果倮罗家族、底确家族、木赖家族	一村
凯而却氏族	冷木当家族	一村
	迪朗罗勃家族、阿都罗家族	
陇吴氏族	雄罗家族、木当家族	一村
嗳沙氏族	丁梗家族、先久当家族、迪朗梅家族、学切家族、克尔总家族	二村
郭老龙氏族	孔当家族	三村
马必力氏族	马必力家族	一村
	学哇当家族、丙当家族	三村
木仁氏族	木切五家族、木切图家族、孔门家族、龙拉家族、力担家族	三村
	莫利蛮家族、莫戛保家族、麻帕恰家族、杨米家族、巴坡家族	四村
	龙当家族、昌男家族、莫直朗家族、布王扛家族、力不穷家族	
狄巴家族	拉辟家族、肯顶家族、孔扛家族、布卡王家族	三村
	拄哇夺家族、茂当家族、斯拉王家族	四村
	孔现家族、迪能那姆家族、苛驼家族、没朵特家族	
哇策氏族	哇策家族、木刻戛家族	四村
	迪马家族	
迪朗当氏族	迪乔家族、求底家族	二村
	滴朗当家族	四村
	杂工家族	
戛木力氏族	戛木力家族	四村
及木当氏族	布里亚家族、及木当家族	四村
	哇且当家族、苦新家族	
丙当氏族	丙当家族	四村
	张教家族、木拉王家族	

2. 氏族头人威望高

新中国成立以前的独龙族，一个或两个（户数少，地区相连）村寨就有一个头人，独龙语称“卡桑”，意为能说会道之人。头人都是自然产生的，除了能说会道，还要办事公正。头人没有特殊的权利，也不能父子继承。死了以后，再产生一个，也没有撤换的情况。头人职责是收集对土司的贡物，管理村寨事务，调解纠纷，批准外人入寨，对外交涉联系也由头人出面。村寨以上没有更高的组织，头人之间无论大小都没有隶属关系，平时也没有联盟的情况。①

清末，一些头人被清政府任命为“俅管”；民国时期，独龙族头人被任命为保甲长，其中，孔目家族的头人被任命为独龙乡乡长，其死后，职位由儿子孔志清承继。1956 年，孔志清被当选为贡山县县长，至今在独龙族中仍然有很高的威望。

第二节　独龙文化峡谷育

独龙族传统文化内容丰富，而且山地、峡谷民族文化特点突出。

一、原始宗教

独龙族把对人的灵魂观念逐渐推及到动物、植物身上，于是就出现了万物有灵的观念，进而形成了各种各样的宗教仪式，并由沟通人、神，独龙语意为“鬼”两界的媒介——巫师操演这些宗教仪式，表达对超自然力量的敬畏。

1. 自然万物皆有魂

独龙族认为，世间许多事物都有灵魂，特别对于那些有生命的东

① 云南省编委会编．民族问题五种丛书·独龙族社会历史调查（一）．云南民族出版社，1981：9.

西。但对有些没有生命的东西，如巨石大树、岩洞等，有时也往往认为其是有灵魂的。例如，在拉佩附近沿独龙江的山道上布满了石头，其中有一块冒出地面长约1米、宽约50厘米的黑色石头，上面有一个像是马蹄的槽印，其左前方一步之遥，有一个似人的脚印。传说是以前一个喇嘛经过此地下马留下的。这位有法术的喇嘛认为，独龙江一带石头太多了，如果让它们都长大了，地上将全是石头，人怎么能住下呢？因此，他和他的马留下来的脚印为的是不让石头长大。独龙族认为石头同雷电、冰雹、洪水和地震一样，也是有灵魂的。这种看法，虽然是通过藏族的喇嘛之口，却体现了独龙族人早已具有的万物有灵的观念。①

总之，独龙族在对自然界的一些现象和发生在自己身边的天灾人祸无法解释时，便认为除了人以外，还有许多依附在自然界万事万物中的鬼灵存在，认为日、月、山、石、河流、树木等自然物都有灵魂，② 要加以崇拜。

2. 生灵死魂伴始终

独龙族灵魂观念的特点，表现在认为人和动物都有生、死两个灵魂，即生灵“卜拉”和亡魂“阿细”。“卜拉”是人或动物甚至非生命的个体赖以存活的“生命之魂”，是人和动物的根。每个人或动物的这两个灵魂存在于生命的两个过程，先后伴随着人的生前和死后两个世界、两个阶段。

独龙族说，“卜拉”和“阿细”都是天上的“格蒙”（“天鬼”之意，有翻译成“天神”），事先按其本人的身材、貌相、性情、品德和智愚等安排好才在地上出生的，而不是人死后所变的。所以，其形象

---

① 蔡家麒著．民族调查研究·独龙族社会历史综合调查报告．云南省民族研究所，1983：102.

② 罗荣芬．独龙族宗教信仰//云南省民族事务委员会编．云南民族文化大观丛书·独龙族文化大观．云南民族出版社，1999：48.

和属性特征，与其本人的身材、貌相、性情、品德和智愚等完全相同，甚至穿着打扮、言谈举止、做的活路也一模一样。当“格蒙”把某个人的“卜拉”收回去，或者被鬼弄死、吃掉，人就必死无疑。人若要死，其“卜拉”有时会在家宅附近的坟地上闪现，或者会同近期死亡的家族成员一块吃饭或活动。这类情况只有巫师才能看见。哪个村子里要死人，这个村子的正上方就会出现一团白云，白云旁边还有两颗星星，这是一种人要死去的预兆（独龙语“木道尔”），说明将要死亡的人的“卜拉”已经被“格蒙”收去，先在天上死了。所以，独龙族说，人的死亡总是其“卜拉”先死，经一段不长的时间，本人（肉体）才跟着死亡。人的“卜拉”死了，它就永远消失无迹，既不能复生，也不转世，不再起任何作用。“卜拉”自始至终是同活着的人共存亡的。

独龙族有树形图案的石头 （廖文英摄）

独龙人还认为，人与动物死后虽然不能复生转世，但也并非是完全消亡，而是进入到生命的第二个阶段亡魂——“阿细”。即人和动物一旦死去，紧接着出现其第二个灵魂“阿细”，是其死后的亡魂。“阿细”的形象和属性特征，同死者生前一模一样。他们不福佑世人，却作祟于人畜，贪食酒肉，不断地要求世人向他们献祭，人们对之是惧怕的。尤其在人死后的一段时间内，为了不让死者的亡魂“阿细”滞留于人间，家人一再向其坟地献祭和祷告：“这儿不是你在的地方，你抬上酒饭赶快走吧!”

在独龙族观念中，还有类似于阳世和阴间过渡阶段的“阿细默里”，人死后就要竭力打发死者的亡魂迅速回到已故的家族成员亡魂共同生活的“阿细默里”。如果日后家人患病或是发生灾异，通过占卜，算出是家中近年死亡的某人的“阿细”前来作祟讨吃，一般是焚烧旧麻布衣毯一类，在患者头上及周身绕熏一番。亡魂“阿细”们不喜欢闻灼焦了的麻布的臭味，就跑回“阿细默里”去了。

3. 鬼灵繁多来路异

独龙人认为各处各地都布满了鬼。从鬼的来源看，有的地上鬼是活人所变，特别是一些常作用于世人，而常受世人祭祀的鬼“卜郎”，是活着的人变的，譬如崖鬼“几卜郎”和山里管理众兽的主人（有的称猎神）“仁木大”等，都是由活着的猎人所变。还有一类地上鬼是自然界的各种精灵，如山鬼、树鬼、崖鬼、水鬼、彩虹鬼等，它们是自然界中最凶恶的精灵，对人和家畜危害最大。

第三种鬼是天鬼，是由最大的“天鬼”、“格蒙”创造的“南木”，从其品性看，因其创造者“格蒙”和“木佩朋”不同的品性，即其好与坏的品性决定了他们的创造物——天上鬼“南木”与地上鬼“卜郎”的品性，进而决定了“南木”与“卜郎”具有好与坏、善与恶、聪明与愚笨、能力强和能力弱的差别，也决定了它们作用于人间时是“行善”还是“作恶”两种完全对立的行为和影响。

独龙人还认为，“卜郎”和“南木”的相同之处除了同是被天鬼所创造之外，他们同样皆与人一样，具有生灵“卜拉”和亡魂“阿细”，而且也会有生有死。他们的死亡也与人和动物的死亡一样，首先是其“卜拉”和“阿细”分别被“格蒙”和“木佩朋”收走，然后才是躯体

的死亡。

人和鬼密切相关联，二者常被视为一体，这是独龙人原始宗教信仰中的一个特征。[①] 独龙族的鬼神观念是从其灵魂观念脱胎而来，“鬼魂观念是灵魂观念的延伸或复杂化，独龙人的鬼魂观念同其灵魂观念一样是比较古老的。”[②]

4. 天有多界连火塘

独龙人认为，天的最高处到人间是以多层结构的形式连接在一起的，即天的最下一层即是地上各家各户的火塘，或者说人类的火塘即属于天的一部分。一般有三层天界、九层天界和十层天界的说法，不同的巫师对天的层数、每一层的称呼和理解有所不同，这说明了独龙族内部天界观念的差异性。

独龙族关于多层天界的构想，从空间上，把人类包裹在布满鬼灵的世界里，可以说是万物有灵的空间想象。也为种类繁多、形形色色的鬼神寻找一个安置之所，体现出其宗教观念的具体性和形象性。长期以来，天的观念同灵魂和鬼的观念相辅相成，构成了独龙族宗教观念的重要内容。[③]

5. 巫医一身禳灾难

独龙人的巫师主要有“南木萨”、“雄麻”和“乌”3 种。[④] “独龙族认为，天上也有鬼，并且有许多鬼，这些鬼叫‘纳木’（又译写作“南木”），这些‘纳木’能制服人间的鬼‘卜郎’。因此，谁得了‘纳木’的帮助，谁就可以给人治病。独龙族的巫师，独龙话叫‘纳木

---

① 蔡家麒著．民族调查研究·独龙族社会历史综合调查报告．云南省民族研究所，1983：81.

② 蔡家麒著．调查研究丛刊·论原始宗教．云南民族出版社，1988：54.

③ 蔡家麒著．民族调查研究·独龙族社会历史综合考察报告（专刊）．云南省民族研究所，1983：73～78.

④ 蔡家麒著．民族调查研究·独龙族社会历史综合调查报告．云南省民族研究所，1983：102.

萨’，就是这样来的。‘萨’是人，‘纳木萨’就是得了‘纳木’帮助的人或有了‘纳木’的人。”①

巫师的传承大致有两条途径：一是历代相传，或父子世袭，或师徒相传；另一种是经过某一特殊事件（这一事件往往被看作是“神灵附体”或“神灵召唤”的表征）突变而成的。②

独龙族的巫师，往往皆具巫和医的双重身份，他们还有一套关于人畜患病起因和“治病”方法的理论，并据此来施行相应的治病措施。他们认为，人生病有两种情况，一是由于饮食、衣着不当，患者可以去医院治疗；一是鬼作祟，包括医院久治不好的重病，这就需要“南木萨”请他的“南木”携带“天药”和“医疗器械”等前来诊治。巫师的法器有铃铛和野牛皮腰带。在请其“南木”降临之前，巫师摆一碗干净的水祭其“南木”，然后开始朝着自己“南木”所在的方向摇铃。每次根据病人的病情，需要一个“南木”就喊来一个；重症或病危者需要 4 个“南木”，就把他们都喊来。“南木”每次来，只有巫师能够看见，都是跟初期他所见的“南木”一个样；据称打发巫师的“南木”回到天上翻山越岭去取药的情景，巫师也都能看得见，因为他有一副“南木”交给他的眼镜。

而巫师“雄麻”为人治病时，不摆酒、不敲鼓、不摇铃，只用一种称作“土萨”的香味树枝点燃熏一熏，口中念着自己的“雄麻”们的名字，它们就来了。

“乌”更多承担的是杀牲祭祀的角色，如“卡雀哇”节中的剽牛祭天是“乌”的专利。“乌”在杀牲祭鬼之前要喝酒，进入疯颠状态后，念祭词与牺牲杀死来为病人“治病”与消除“灾祸”。

---

① 洪俊．独龙族的原始习俗与文化//云南省编辑组编．云南少数民族社会历史调查资料汇编（一）．云南人民出版社，1986：215.

② 金泽著．宗教人类学通论．宗教文化出版社，2001：235.

二、民间歌舞

独龙族喜歌乐舞，特别善于通过“唱”和“跳”的方式来表达思想感情，以倾诉内心的喜怒哀乐。逢年过节、婚丧嫁娶、起房盖屋、欢庆丰收等重要场合都要载歌载舞、唱歌对调。不过，独龙族歌舞也如独龙人性格一样，大多含蓄内敛，又将真情融于其中。

1. 歌谣声声诉真情

独龙族歌谣大多有感而发，简洁明快。一般分为两大类：一类被称为“普”，语言含蓄委婉，讲究字数齐整，上下两句相同而对仗，演唱时融诗与歌舞为一体，边跳边唱，踏歌而行。常见的有“打粮食调”、“莫热木热”（砍大树调）等劳动歌；有儿童们唱的“切玛门租”（儿歌），妇女哄睡觉时唱的“切玛格来”（哄娃娃调）；曲调优美流畅、结构短小精炼的生活小曲；由巫师吟唱或边舞边唱的“楠木萨哇”（祭祀歌）等。另一类称为“门竹”，通俗易懂，极具生产生活色彩。两类歌谣都有对唱、合唱和独唱等形式，是独龙族民众生活中喜闻乐见的一种艺术活动。

独龙族几乎每种曲调都可演唱多种题材，其歌曲喜用比拟的手法娓娓道来，感人至深，如《独龙族情歌》唱道：[①]

男：我俩相隔一座高山，
我俩相距一条大河，
我翻过这座高山，
我跨过这条大河，
不是采集山果，

① 云南省编辑组编．民族问题五种丛书·独龙族社会历史调查（二）．云南民族出版社，1985：29.

也不是捕捉鲤鱼，
是为了心爱的人，
是为了布朗阿妞。
我站在山顶上看，
我站在山尖上瞧，
看见山脚有一朵红花，
瞧见河边有一棵杨柳。
那不是红花呀，
也不是杨柳，
原来是我心爱的人，
原来是布朗阿妞。

女：我坐在山脚等你，
我站在河边望你，
天上掉下来一颗星星，
山上滚下来一个银球。
使我吃了一惊，
把我吓了一跳，
那不是星星呀，
也不是银球，
是我心爱的人跑来了。
……

实际上，独龙族民间并没有明确的歌种称谓，学术界多从内容、形式或功能等方面，将独龙民歌分为叙事歌、情歌、习俗歌、山歌小调、劳动歌、祭祀歌、儿歌及哄娃娃调几类。其中以情歌内容居

多，特别是青年男女对自由婚姻的向往和对情人的思念。如有情歌唱道：①

男：太阳天天从我头上走过，
从不告诉我俩出生的年月；
月亮夜夜照耀在我们身边，
从不说给我俩落地的地方；
独龙江水在我们脚边长流，
从不讲给我俩悲欢离合。

女：记不清我俩出生的年月，
想不起我俩落地的地方；
凭阿妈的记忆同年生下地，
凭阿爸的回想同日会讲话；
站在江边比比我俩一样高，
站在山顶望望我俩一样胖。

男：狂风吹得我们离乡背井，
洪水冲得我俩隔山隔水；
不见阿妹三年又三秋，
思念阿妹也有三秋又三年。
今日我俩重逢又相会，
不知是哪方的神仙安排。

女：满山满坡杜鹃花争艳，

① 李文华整理．《峡谷情歌——独龙人的幽情》．今日民族．2001（8）．

引来百鸟飞舞闹喳喳，
江边金竹轻歌喜盈盈，
阿哥阿妹今日真的相逢了。
这是天地日月的安排，
这是阿爸阿妈的心愿。
……

总之，独龙人的诗歌语言就是其生活语言，它们由高山、河流、阳光、飞鸟、游鱼、田野、种子、庄稼、树木、石头、季节、风雨、幸福、灾难以及生活于这块土地上的人们组成，这些诗歌使这些“物”获得了水久的生命，让它们得以在诗歌的世界存在。①

2. 敲铓起舞娱人神

独龙族舞蹈，内容与其生产生活紧密相关，风格古老而质朴，民间流传最广泛的，大多为集体舞和“南木萨”跳的单人舞，队形只有两横排交叉行进和逆时针方向圆舞两种，多为有歌或乐器相伴。舞蹈时，刀是道具，铓锣是最重要的伴奏乐器。

剽牛舞属于只舞不歌的形式，跳时仅由一面或数面铓伴奏。剽牛舞的动作以下肢为主，上身随下肢配合着前俯后仰、扭摆起伏，显示出此舞独特的气韵。剽牛舞在不同的时间、场合用于不同的祭祀对象；在不同的村寨、不同的祭祀场合中，也有不同的称谓。剽牛舞的突出特点是舞蹈始终都离不开剽牛这一活动，用于祭山神、猎神的剽牛舞有两种形式：一是以村寨男性为主在祭坛四周舞蹈；另一种是全寨族人在寨内坪地狂舞。

祭祀性舞蹈主要有“祭亡灵舞”与“跳鼓舞”。“祭亡灵舞”是“南木萨”为祭奠、敬送死者灵魂而跳的舞蹈。此外，舞蹈还可以在丧

① 马绍玺．将爱情进行到底——读独龙族情歌100首．云南人民出版社，1997．

事中进行。当一个人去世埋葬后，人们要在死者的坟地旁守夜，在火堆周围，众人围圈而舞，通过歌词来回忆死者生前的经历和安抚死者灵魂，安慰死者的家人等，并借助舞蹈恐吓要来吃尸体的“恶鬼”。当一位老者去世后，家人因生活困苦而无力祭献，只好等到经济生活好转时再补祭。补祭时，要进行祭亡灵舞的活动，整个补祭仪式始终贯穿着舞蹈。舞蹈的目的是把还留在家中的鬼灵送到“祖先开发地”，舞蹈只能在死者的家里举行。“跳鼓舞”在病患者屋里举行。舞蹈的目的是要通过巫师们所跳的舞蹈达到“砍鬼”治病救人的目的。巫师通过舞蹈，首先查明病患者被哪路“恶鬼”附体缠身，然后以舞蹈的各种动作去恐吓和撵除缠在病人身上的恶鬼。

“锅庄舞”是从藏族地区流传到独龙族村寨的舞蹈，在任何时候都可进行，不受时间、地点、人数、辈份等限制，除固有的歌唱形式外，还可以即兴演唱。“锅庄舞”多在喜庆之时举行，音乐欢快活泼，舞时大家手拉手围成圆圈，载歌载舞。

独龙族还有为传授劳动、生产知识所跳的“织布舞”，在狩猎前后跳的“狩猎舞”，在婴儿出生后的“祝福舞”，在播种前祈祷神灵，种子不被害虫毁坏的“播种舞”，以及装扮成凶禽猛兽的“祭鬼舞”等。

三、口头文学

独龙族是一个富于想象的民族，神话传说极其丰富。可以说独龙族是一个将历史与文化都寓含于神话、传说、故事中的一个民族。在长期的生产生活中，独龙族创作了具有本民族鲜明特色的丰富多彩的民间文学作品。

代表性的神话传说有《创世纪》、《大蚂蚁把天地分开》、《嘎美嘎莎造人》、《猎人射太阳》、《洪水泛滥》等，不仅反映了独龙族社会最初阶段的生活，还记述了独龙族先民们对宇宙万物和人类社会的种种看法与解释，从不同侧面生动形象地再现了古代独龙族社会的真实面貌。

独龙族有流传较广的民间故事《星星姑娘》、《鱼姑娘的故事》、《姑娘与青蛙》、《半边刀壳》、《创火人》、《竹筒酿酒》等，想象丰富、构思奇特，具有鲜明的民族特色。

独龙族人民还结合社会生活和狩猎活动的实践，创作了许多短小精悍而富于哲理的寓言故事，如《兔子与老虎》、《猫和狮子》、《小兔和老熊》、《老虎同火赛跑》、《说谎话的狗》、《乌鸦和老虎》等。

代代口耳相传的口头文学，把独龙族生产生活知识、伦理道德与宗教观念一代一代传承下来。

四、自然知识

在长期的生产生活中，独龙族积累了丰富的自然知识，内容包括生产生活方方面面。

1. 花鸟历法定农时

在长期的社会实践中，独龙族根据自己对生产过程和自然现象变化的观察和总结，创造了一种适合于自身生产生活需要的历算法，即根据月圆月亏、花开鸟鸣、草木生长、雨雪飘落、江河起伏等来计算年历。从当年的大雪封山到次年的大雪封山算为一年，称为“极友”；从月亮最圆的那天起至第二次月亮最圆时为一月，称为“数朗”。独龙江上游的独龙族以“龙”（意为“圆”，即月圆的意思）为基数来划分每年的十二个节令，并据此安排各种活动。

“得则卡龙”（一月），意思是山上有雪，男子打猎，女子织布。是无农事可做的农闲季节。

“阿蒙龙”（二月），山顶还有雪，但江边可以种洋芋、小麦和青稞。

"阿暴龙"（三月），地上普遍发青，可以砍火山地和种洋芋。

"奢九龙"（四月），鸟开始鸣叫，继续砍火山，种南瓜等农作物。

"昌木蒋龙"（五月），各种鸟都叫了、花开了，开始种苞谷、栽秧和稗子等。

"阿累龙"（六月），竹笋长出，摘薅草、挖贝母、捕鱼等活动。

"布安龙"（七月），青黄不接，是饥饿月，上山采集。

"阿送龙"（八月），山上松叶发黄，种荞子，吃青苞谷，收小米和各种瓜类。

"阿长母龙"（九月），叶黄霜降，收苞谷、割牧草。

"曹罗龙"（十月），是收获月，山上开始积雪，继续收粮食，并搭架、修仓库准备储粮。

"总木加龙"（十一月），山上积雪变厚，是降雪月，收回最后的粮食作物，准备过冬的柴火。

"力哥龙"（十二月），江边也开始有雪，女人忙着找柴，男人进山狩猎，并准备过年。

下游的独龙族则采用"花鸟历"，把一年划分为花开月、鸟叫月、烧火山月、播种月、收获月等10个季节。其节令不十分严格，天多天少不太固定，月大月小也只是相对而言，但对花开鸟叫等物候却极为重视。每当桃花盛开，"戞高马巩"鸟鸣时，要及时播种。再到"崩得鲁那"鸟叫时，则停止一切播种。

2. 刻木结绳传信息

独龙族没有自己的文字，新中国成立以前，一直靠刻木记事传达信息，用结绳来计算时间。

独龙族的刻木记事使用广泛，刻有各种符号的木刻起着与普通文字、文书相同的作用，可记载和传达土司的命令、民间债务、婚嫁聘礼清单、聚会邀请等。土司所发的木刻较大，形如木剑，宽20厘米左右，长七八十厘米，中间略厚，两侧扁平，顶端呈斜尖状，下端有把。不同的内容要求刻不同的缺口或线段、图形等。如用于传达土司征税派款的木刻，左上边刻一个大缺口，下刻几个小缺口，就表示要来一个大管事，几个随从。右边刻一个大缺口，两个小缺口，则表示要求来一个头人、两个百姓迎接。木刻下面有时还附带箭头、辣子、鸡毛等不同的物件，以表示不同的意思。如箭头表示很快抵达，辣子表示如不服从必严厉制裁，鸡毛表示迅速传递等。这种木刻一般都由持送木刻的人边送边作解释。

民间使用的木刻较小，常用于记载债务、财礼、节日与喜事邀请等事项。如某家祭鬼无牛，从亲友家借牛时，须测量和记下牛的大小。具体方法是：先用一竹篾条量一下牛的胸围，然后用拳头测量竹篾的长度，并将拳头数对应地刻在一块木片的两边。最后将木片从中间一分为二，双方各执一半。还牛时如法测量，出现差额用粮食补齐，多退少补。然后当场将木刻投入火中焚毁，绝无纷争。

独龙族的结绳计时　（杨兴斌摄）

结绳计时使用也很广泛。是指用一根细麻绳打结计时，每一个结代表一天。如外出办事，走一天打一个结。回来时则一天解一个结，这样能准确计算日期和行程。一年一度的年节，是独龙族人民最欢乐的时刻。但因没有固定的日期，所以每年都需临时约定。约定的办法也多靠结绳来完成。如决定10天以后过节，便准备若干条打有10个结的绳子，送给诸亲友，过一天解一个，待最后一个结解完，便表示节日来临，大家杀猪宰牛，载歌载舞，欢度新年。

第三节　衣食住行古朴俗

独龙族在漫长的封闭生活中形成了自己独特的衣食住行习俗。

一、建筑

1. 岩居穴处昨日事

在不远的历史时期，独龙族仍然处于岩居穴处的生活。雍正至民国时期的相关记载对此进行了描述：

雍正（1678～1735年）《云南通志》卷二十四载：“俅人，丽江界内有之……无屋宇，居山岩中。”

乾隆（1711～1799年）《维西见闻纪》：俅子“覆竹为屋，编竹为垣”。

道光（1821～1850年）《云南通志》卷一八五载：“俅人……其居处结草为庐，或以树皮覆之……更有居山岩中者，衣木叶，茹毛饮血，宛然太古之民。”

光绪三十三年（1907年）、三十四年（1908年）夏瑚《怒俅边隘详情》：“曲江（独龙江）……房屋系随结竹木，盖以茅草……狄子江……房屋概以竹构成，楼离地三五尺不等，上覆茅草，聚族而居，中隔多间，每间即属一家；每房屋有多至十余间者。且多结房于树以居，如有巢氏之民者。考其巢居之由，在昔野兽较多，白昼且将啮人而食，逮晓则成群入室，抵御无方，故其先人创此巢居，以避虎患。近则杀人、拉人，所在恒有，亦仍以巢居避患为乐。有就地以居者，必其族大丁繁也。……脱落江……房屋仍系竹构，就地为楼以居，各自为家。”①

1935年陶云逵《俅江纪程》：“在绿荫中，发现一长形房，即所且村长家也……俅房以整个木干横磊为墙，屋顶以木片为之，全屋仅一小孔洞……茂顶，此处房屋均以木为架，而竹篾为门墙，与上段之木垒房不同，想是受傈僳影响。上段之材料与丽江磨些（纳西）及古宗（藏族）相同，而形式则异……闻以前（或在清末），俅子筑屋于树，或就石洞为屋。”②

上述从雍正到民国的200余年时间，独龙族从岩居穴处发展到了架木为房，但同时还存在树居与穴居，一方面说明独龙族在总体社会发展缓慢的情况下，也有建筑发展的差异性主要是独龙江南北地理与社会环境差异所致。另一方面是无力躲避野兽只好选择树居；但更主要的是周围强势民族抢掠所致。即夏瑚所说：“近则杀人拉人，所有恒有，亦仍以巢居避患为乐。”③ 而被外界称为“有巢氏之民。”④ 据调查，因害怕从福贡、贡山与缅甸拉打阁一带来的“达布”（独龙语，土匪）活动杀掠，有许多独龙人长期在大树上居住。

独龙族穴居与树居，是在特定的历史条件与环境中发生的。但是，

---

① 方国瑜主编．云南史料丛刊（第十二卷）．云南大学出版社，2000：146.

② 陶云逵．俅江纪程．西南边疆，2012（14）．

③ 夏瑚．怒俅边隘详情//方国瑜主编．云南史料丛刊第十卷．云南大学出版社，2000：162.

④ 严德一．俅子，传说父辈尚为有巢氏之民//李绍明．程贤敏主编．西南民族研究论文集．四川大学出版社，1991：318.

从中不难看出在不远的历史时期，在他们还没有具备“结草为庐”建房居住的技术之前，曾经经历过洞居与树居的历史。[①]

2. 北木南竹因地宜

独龙族居住的房屋主要有木楞房、竹篾房两种。从孔当以上的北部地区多是木楞房，而其南部地区多是竹篾房。它们在建筑形式上和用材上有一定的差异；这与北部受藏族建筑文化影响，南部受傈僳族影响有关。

木楞房　（高志英摄）

木楞房，又称木楞楼，也有书写为木垒房，即以原木垒架而成的房子。独龙族的木楞房，因墙体所用的圆木与木板之别，可分为原木垒房与木板垒房两种。其特点是建材主要是就地取材，主要是木料

① 蔡家麒．民族调查研究·独龙族社会历史综合考察报告（专刊）．云南省民族研究所，1983：41.

（原木或木板）、竹子、茅草三种。先将大碗口粗细的松木砍倒，削皮，晾晒在树林里一个多月，然后扛回村寨内选好的地基处。第一步是建楼底，依据房子大小由多根原木立于地面，四周以竹篾捆绑圆木成四方形或长方形基架，在离开地面一两米处用木板铺成，或用篾片将木板捆绑在墙体圆木上。第二步是建楼身，其墙体四壁用材亦为木板或原木，由木板或原木两头砍开的口子相互钳制而垛成，楼壁的正面或背面留出窗户。楼身的墙体长短，由使用圆木的长短和房子大小而定，如是正方形的小房子，每一面墙用的木头长度是一样的。独龙族的木楞房多是长方形的，即左、右两侧墙短，前后墙长，因此，四面墙壁用的圆木或木板长短不同。有的以两根长圆木与两根短圆木，或两块短木板或两块长木板相互咬合而成；有的房子有两间，或三间，一面墙壁就需要两根或三根圆木（木板）。第三步是架设屋顶，先捆绑上一些圆木或木板，其上再覆盖茅草，也仍然用篾片捆绑。

木楞房的房间数量也并不一致，有的是四方形或长方形的单间，中间设置火塘，火塘靠墙一端与两侧铺设木板，作为坐卧之处，向门

独龙族人家　（高志英摄）

一侧空出来，主妇蹲或坐于此做饭、烧水。一般的木楞房多为3间构成，中间一间并不设墙体，而是通透的，多用来晾晒衣服、粮食等，两端两间木楞房一间设置火塘，为全家烤火、煮饭、吃饭之所，老人与小孩也多在此围火塘而眠；另一间为夫妻的睡处，也有火塘设置。

独龙江北部的木楞房从建筑用材到房屋结构，多受到藏族的影响。木楞房与木板房虽然在垒木之间并非密不透风，但是房子里的火塘是终年不熄的，所以屋子里冬暖夏凉。

竹篾房的建造也是利用了独龙江南部地区丰富的竹类资源。首先砍竹子、削篾片、编篾笆，也如木楞房一样先选地基，以篾片捆绑原木建出楼底，在离地面一米左右铺设篾席作为地板，又将大小不同的篾笆绑缚于柱子，再铺设茅草屋顶。房顶是人字形的木制屋架，呈两面出水式样，上面铺置椽子和竹子各一层交织而成网状。顶部覆盖的茅草，用藤篾捆扎固定。竹篾房也是依据家庭人口、房子大小来决定使用的篾笆。支撑竹篾房悬立的原木，脚较多，少者有10多棵，多者有20余棵，似傈僳族的“千脚落地房”。竹篾房的楼上供人住，楼下可圈养禽畜。篾笆房透气效果好，适应独龙江南部多雨水、潮气重的气候特点。

独龙族房子的一个特色是少有直接进门的，楼底与墙体之间的靠门一边有半米左右宽、两米多长的由圆木、木板或篾席伸出，即为过道。一侧有圆木凿出的脚蹬以便上下，另一侧放置舂碓、手推磨与锄头、斧头、砍刀、背篮等生产生活工具，墙上还挂着历年狩猎收获的兽头。

独龙族建筑的另一个特点是没有围墙，走遍独龙江也不会看到哪家有一道围墙。独龙族住房虽然有门，但是也不用锁，只是用一根木棍扣起来，以防野兽、家畜进门。清代《维西见闻纪》所载“无盗，路不拾遗，非御虎豹，外户可不扃”的情状，至今依然如故。

独龙族房子的门与窗也比较狭小，与其房子的大小是成比例的。一方面是独龙江两岸地势陡峭，并无大面积的平地可以用来建盖宽敞的房屋；另一方面独龙族的生产力水平与建房技术更擅长于建盖小巧的房子；再一方面可能是独龙族家什物品较少，相对低矮的房子、窄小的门与窗就可以满足其所需。而且，无论木楞房，还是竹篾房，无论是单间的房子，还是多间连在一起的房子，一栋与一栋之间距离较远。这是避火灾与瘟役，也便于在房屋四周开辟园地。

3. 父房母房火塘分

在独龙江南部的巴坡以下至马库一带，住房是以竹篾建盖的干栏式“千脚落地房”，但被分为“母亲房”（译写作“坎木妈”、“皆木玛”）、“父亲房”（独龙语为“坎木爸”、“皆木巴”）两种，这与其家庭结构有关。

独龙族村落　（高志英摄）

“坎木妈”建筑面积约160平方米，在房子两侧以过道划分为两半。在每一边以结婚的夫妻为单位建置火塘，火塘周围是父亲及其子女生活的地方，火塘位于中间，作为煮饭和取暖之处；沿火塘四周铺设竹片与树皮作为地铺。有的在各个火塘之间，以篾笆为隔壁。在两旁火塘之间便是房屋内部的通道，供家庭内外的成员来往。在通道的两头设门，门下竖立一根独木梯。在一个“坎木妈”式

的屋子里，常设置10个左右的火塘，就是10对同一父母的儿子、儿媳与其孩子们组成的小家庭。“坎木妈”一直保留到20世纪五六十年代。

“坎木爸”房的长度与“坎木妈”房的长度相同，但是宽度仅为“坎木妈”房的一半，内部只有单排的火塘。“坎木爸”房同样以火塘为单位组成小家庭，也有一个通体相连的室内过道供出入，过道修在房子靠山一侧，过道两端接有晾台，也有独木梯供上下。“坎木爸”房的火塘数量，亦即小家庭的数量比“坎木妈”房少。

从表面看，“坎木妈”或“坎木爸”的最大区别在于所列火塘的数量不同，实际上体现的是独龙族的家庭结构。“坎木妈”与“坎木爸”房是由一间长宽大体相等的房子逐渐向其两侧不断增盖延伸而成。即首先是一对夫妻同其一群未成年的孩子最早住在一所，也是一间房子里，老人与未婚的幼子共一个火塘起居；其后，孩子们逐个长大成婚，有了自己的家室，但并不另选地基建房，而是在父母住房的两侧，逐间加盖，成为长方形的大草房。其内少则两间，多则5间，又因房子内设置的火塘是单排或双排，分别叫“坎木妈”与“坎木爸”，即“公房子”，就是同一屋顶下的一排以多对夫妻加其孩子在内的小家庭排列而成的长房子。居住在这种屋子里的人，都是直系亲属及其后代，平时共同生产，共同消费，由各个火塘的主妇分别保管粮食，轮流做饭。总之，“坎木妈”、“坎木爸”从火塘的排列与数量就可以看出其内部的家庭结构，[①] 以及家庭规模的变化。

4. 独龙新居别样美

21世纪以来，政府在独龙江地区实施安居工程，使独龙族住房有了大变样。

---

① 蔡家麒．民族调查研究·独龙族社会历史综合考察报告（专刊）．云南省民族研究所，1983：42.

安居工程实施的第一阶段以异地搬迁为主。异地搬迁是将分散在独龙江两岸高山丛林中的独龙族家户搬迁集中于交通方便的沿江一线居住，政府对每一家补助 3000 元，将茅草屋顶改为铁皮屋顶与油毛毡屋顶。

近年，以建设“独龙新村”的方式实施安居工程，[①] 一种是改良型的民居，一种是用于发展旅游业的新居，两者都突出了独龙族传统文化元素。每家一栋，每一栋有 60～80 平方米，室内全为汉式布局与装修，所用生活器具也是汉式的。房子外观则突出了独龙族文化特点，即围墙在水泥墙体之外再垒一层圆木，在墙体与屋顶之间以独龙毯花纹进行粉饰，在玻璃钢瓦屋顶上盖以茅草。公路修到每家家门口，自来水龙头也接到家门口，电线接到家里。从外观与生活的便利看，就如旅游景点返璞归真的别墅一样，加之背靠青山前后绿水，崭新的独龙新居在云雾中时隐时现，也别有景致。

二、饮食

独龙族饮食的最大特点是半是野生半种养，在主食方面如此，在蔬菜方面也如此，在肉食方面更是如此。

1. 满山野粮饱半年

高黎贡山和当力卡山，有丰富的森林和各种块根植物和野菜，这些块根植物和野菜，便是新中国成立前独龙族的主要粮食。野粮的种类有达格勒、荞、密几、阿波、木苦必力、阿特、士仰、吉秋、不里、董棕、竹叶菜、野蒜、大百合等。只要离开住屋数里，这些野粮便可以挖回来。每年 3～8 月是采集野粮时期，一直到 9 月起可以吃到小米和秋荞为止。独龙人很习惯于这种生活，他们说：“只要有力气挖野

① 独龙族整族帮扶：安居工程－第三届中国建筑传媒奖．http：//nd. oeeee. com/cama/2012/2012 _ show/201210/t20121031 _ 1380238. shtml.

粮，在独龙江即使不种粮食也饿不死人!”就采集的历史发展过程看，20世纪前半期，采集野粮要占一年全部劳动生产时间（以300个劳动日为标准）的2/3，即有200天的时间，是靠采集野粮为生的。[①] 今天，生产力水平提高，独龙族对采集的依赖程度减少，但是采集野生食物仍然是其所好。

野生植物制作成食品的过程十分复杂，许多好吃的野生块根含有苦味，所以首先要消除苦味，这多由妇女来完成。在种类繁多数的野粮中，以董棕最为出名。董棕是独龙江地区的一种野生树种，俗称之为“斯叶黑”，意思是能出面粉的树，树长大后其木质部分会自然积累形成淀粉。“斯叶黑”一般生长在阴凉的深箐里，树高可达十几米，成树直径达1米，树叶宽1米左右，长3米多，与芭蕉叶十分相似。“斯叶黑”含有大量淀粉，一棵可以出七八十斤干“面粉”。七八月是其淀粉成熟的最佳时期，先将董棕树砍来，用木棒或斧头在树杆上不断地敲击，淀粉便一团团震落下来，浸泡，滤渣，然后澄清晒干即成细粉。这就是树面粉，或者叫它“斯叶黑”面。树面粉可以烙粑粑或用香油、漆油煎食，松软适度，食用时多拌蜂蜜，味似藕粉味美可口。还可以用开水加糖搅拌冲食，养胃解酒而别有风味。“斯叶黑”面不仅能食用，还是止泻的上品良药。

2. 射猎捕鱼野味美

独龙族对于猎获的兽肉主要有两种食用方法，一是由家庭主妇先将肉切成块，撒一点盐巴，用竹签穿起来，全家围坐火塘烤吃；二是切成大块煮吃，除了盐巴之外，还加葱、野生芫荽、野蒜等，香味扑鼻。多余的野味，先将其煮过，在火塘上用火烟烤干，这样方便随时烤吃或煮吃，也可用来馈赠亲友或交换粮食。其中，野牛肉是独龙族

① 云南省编辑委会编．民族问题五种丛书·独龙族社会历史调查（一）．云南民族出版社，1981：25.

的主要肉食，把生野牛肉晒干，微火烘烤至香味四溢，捣成丝状，加工成肉松，或切成小块，放在竹筒里，用树叶密封，作为携带的食物，以便在狩猎和采集、捕鱼时吃。

从20世纪末开始，政府提倡保护环境，禁止狩猎，独龙族也会用自家饲养的家畜家禽肉来款待客人，独龙原鸡就是其中之一。独龙原鸡全身黑色，重量仅为一般品种的1/3或1/4，成年公鸡体重为0.5～0.6公斤，成年母鸡体重为0.45～0.55公斤。鸡蛋为一般鸡蛋重量的1/2，成年独龙原鸡母鸡多无尾，肉食细腻而有嚼劲，其汤则鲜美致极。龙元猪是与南亚野猪血缘关系最近的家畜品种，是现存的家养珍品。龙元猪全体黑色，成年母猪体重20～30公斤，成年公猪体重20～25公斤。由于贡山水草丰美、气候多变，使得龙元猪肉质细腻、味道鲜美，也是待客的佳肴。

独龙江和众多的支流盛产鱼类，鱼肉也是独龙族重要的肉食。捕鱼一年分成两个季节进行，第一个季节是桃花开的时候（四月），这时

捕鱼的独龙族　（徐冶摄）

大小鱼均可捕到，一天有5个时间段可以捕到鱼，即太阳刚出时、中午、太阳落山时、晚上天黑不久、午夜等。错过这些时候，鱼不向江边游，就捕不到了；第二个时间是当吃青苞谷时，不分时间，随时均可捕捉。到九月，江水清了，就可用鱼叉叉鱼。每个家族“克恩”都有公有的“度娃”——鱼口子，而且只能在所辖的“度娃”里捕鱼。每个鱼口子每年可捕鱼五六百斤，著名的捕鱼者称为“额久各勃拉”，每年可捕鱼数百斤。[①]

3. 一方水土一方食

独龙族在新中国成立前种植的农作物最主要的有苞谷、小米、荞子，其他的还有稗子、鸡脚稗、洋芋、芋头、独龙芋、旱谷、黄豆、小麦、四季豆、南瓜、黄瓜等十几种。北部因受藏族影响，还种植高山耐寒的燕麦、青稞等作物，也栽培蔓菁、葱、蒜、韭菜、辣椒等十来种蔬菜作物。[②] 本地特有的主要食品有以下几种：

酸竹菜。酸竹菜是山里生长的一种青嫩的竹笋，夏初挖出，削皮切成片状晾晒成干菜（独龙语称“美皓”），食前以热水浸泡，常用来炒肉食和做汤料，味鲜美爽口。

石板粑粑。是贡山县独龙族、怒族的古老食品。以石板当锅，摊入面浆烙制而成。这种石板是在贡山县丙中洛乡青拉桶附近出产，火烧不坏，水浇不裂。把它当作锅，放在火塘三脚架上烙粑粑吃，不用放油，粑粑也不会粘在石锅上。烙出来的粑粑，味道也特别香。粑粑的原料一般选用当地出产的野百合、野山药、野芋头、阿吞、董棕、葛根等野生植物，经焯水后去掉涩味，再加工成粉状，即可在石板上来制作各种香酥的粑粑。

---

① 云南省编委会编．民族问题五种丛书·独龙族社会历史调查（一）．云南民族出版社，1981：24.

② 云南省编委会编．民族问题五种丛书·独龙族社会历史调查（一）．云南民族出版社，1981：36.

扁米。独龙族“扁米”有两种，其一是采摘尚未完熟的幼嫩稻谷，放入火塘三角架上的锅中炒至全熟，然后用木制舂具舂扁，用竹筛筛去稻壳后，再将微扁的熟米再舂一次即可。此“扁米”因使用未完全成熟的稻谷舂成，所以颜色油绿，色泽鲜艳，是巴坡独龙族的特色食品，常用于款待宾客或送礼。其二是独龙族的“达波扁”，将收获但尚未充分晒干的苞谷粒炒熟，然后用石舂具舂细，配漆油酥油茶作正餐食用，或作为劳作或狩猎的口粮。①

野味“吓辣”。凡是用酒煮的野味，全部叫“吓辣”，意思是酒煮肉。酒味与野味的香气混在一起，垂涎欲滴。吃时入口即化，酒的后劲却慢慢才上来，都会在满口的野味香中酒醉。

竹筒酒。是独龙族男女老少都爱喝的传统饮料，它还被当作青年男女订婚时的礼酒和盛大节日中的喜酒与祭酒。制作竹筒酒时，首先要在山中竹林里选择最好的竹子，将其做成酒筒，然后把煮熟的小麦、大米或者高粱拌上酿酒用的酒曲装进竹筒内，存放 7 天之后竹筒酒就酿制好了。打开竹筒盖，醇香的酒气扑鼻而来，令人飘然陶醉，颇有酒未入口人已醉的感觉。

三、独龙毯

传统的独龙毯，是用野麻织成的，麻线比较粗，也不很均匀，重量较重，但是耐磨、保暖性能特别好。在很早的时候，独龙族在漫长的采集渔猎生活中，独龙族发现了麻的表皮柔软结实，就用其捻成线，再织成麻布。一幅麻布宽约尺余，数幅拼缝就成为毯子，一床独龙麻毯的完成要花数十天。早期编织的独龙毯是黄白色的，后来人们用水冬瓜树皮和另一些木本、草本植物分别同麻线浸泡，麻线就被染成了

① 云南省编辑组编．民族问题五种丛书·独龙族社会历史调查（二）．云南民族出版社，1985：101.

红色、蓝色、青色、黑色等，于是，织出来的独龙毯颜色艳丽，宛如一道绚丽的彩虹，独龙族也被称为“织彩虹的民族”。

独龙毯除了作为衣被之外，还有诸多用途。

披独龙毯的独龙族女子　（高志英摄）

其一，独龙毯可以用来背小孩，独龙族妇女在家做家务活、外出时背孩子，就用一块独龙毯将孩子一裹，放在背上，然后将独龙毯的两端拉到胸前打一个结，这时的独龙毯就成了一个背衫。有的则以独龙毯裹住孩子，放在胸前，然后打一个结挂在脖子上，其头上还可顶一块背上以竹箩背负东西的篾带子，手里还纺着麻线，同时背东西、带孩子、纺麻线。几乎每一个独龙孩子都是在独龙毯“背衫”里长大的，也是伴随纺锤转动的声音长大的。

其二，收割粮食的季节，在田头或山地里铺几张独龙毯，在毯子上将粮食作物脱粒，既简便又有效地控制了粮粒散失。脱了粒的粮食在铺开的毯子上晾干，尔后又将粮食装入毯子并背回家，真可谓是独龙毯的妙用。①

近年独龙毯的功用，更多的是送礼与出售。独龙族传统上就有相互赠送独龙毯的习俗，而今独龙族与其他民族接触多起来，也把独龙毯作为礼物加以赠送。另外，独龙毯也被周边民族所喜爱，每个来独龙江或贡山的其他民族朋友，都喜欢买几床独龙毯自用或赠送亲友，独龙毯的市场需求量越来越大，已成为独龙族外销的主要土特产品之一。

---

① 和江红．独龙族毯子．中国民族，1980（6）．

四、交通

独龙江之所以长期封闭，在于其艰险的交通。除了一年有半年雪封山，交通被阻断之外，人类最原始的交通工具长期在这里保存。

1. 藤蔑溜索命悬线

竹篾溜索，独龙语称为“阿波母”，是独龙族原始而又曾普遍使用的渡江工具。至今，在独龙江、怒江的独龙族、怒族中，仍流传着这样一个传说：兄弟用溜索过江，下暴雨江水冲断了溜索，使两兄弟分隔两岸，各繁衍成独龙族与怒族，说明独龙族使用溜索的时间已经很长了。

独龙江江面宽阔，江流湍急，江湾重重，江礁密布，在没有能力修建桥梁的过去，人们过江只能靠溜索。独龙族传统的溜索是一种独龙语叫作“斯闻”的竹皮编扭成的竹索，其长度以独龙江江面宽度为准，横拉于江的两岸。过溜时，以一个自然的树杈或手工砍凿的木槽（形如带柄去底的半边茶杯）做溜梆搭在溜索上，以长麻绳或长牛皮绳缠绕住大腿与臀部兜住人，再将麻绳或牛皮绳挂在溜绑上，利用物体惯性溜过江面。但是因为又粗又重的溜索难以绷紧拉直，加之常年被独龙江雨水淋浸，藤篾溜索就呈一个倒虹型横卧在江面上；又因为藤篾溜索并不光滑，增加了溜绑与溜索之间的摩擦力，因此，过藤篾溜索的速度并不快。当人过溜时，先借用惯性溜到溜索中间，之后就只好脚蹬手拉慢慢溜滑过去。这时，如果没有手劲，人就挂在江面上望江兴叹了。

在漫长的历史时期，勇敢的独龙人就是靠命悬一线的溜索过江来往，直到20世纪末独龙江乡江面上还挂有十几根溜索，其中在北部地区还有一根藤篾溜索。即便独龙江面上修建了众多木头与钢板吊桥、水泥桥的今天，独龙族仍然很习惯就近靠溜索渡江。

2. 藤桥悠悠如履冰

藤篾吊桥，独龙语称“投巴尔”，即两根粗藤索平拉独龙江及其支流两岸，两端系于岸上的木桩或石头上，在“桥”两边以藤篾编织成网状的扶围，直铺宽约一个手掌的木板或竹子作为桥面。行走其上晃晃悠悠，似有腾空飞翔之感，因此又称之为“飞桥”。

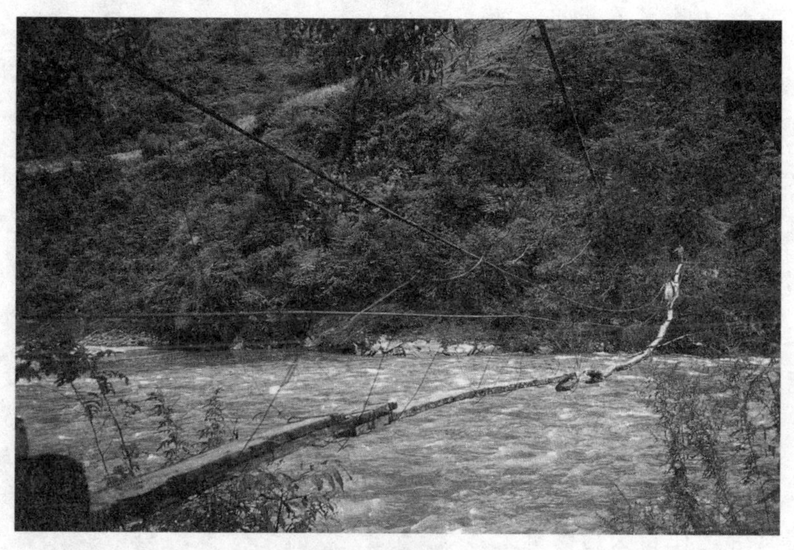

云南贡山县独龙江乡献九当村的藤蔑桥　（廖文英摄）

20世纪80年代以前，从独龙江北到江南，每隔一段路就可以见到这种全部是用竹子、藤条编织而成的藤蔑桥，是独龙江地区仅次于溜索的交通工具。过藤篾吊桥，桥体随步幅而晃动，而且越到桥中间，晃动就越大，即便是风平浪静时过江，也如在荡秋千一样；如果是在疾风暴雨中过江，桥体就更是摇晃得如波浪中的一叶扁舟。如果眼睛紧盯着江面，感觉浪花阵阵飞扑过来，桥体倒悬，人彷佛要被江浪挟裹。所以，过藤篾要眼观前方，心要定，脚步要稳，手紧握扶手，小心翼翼如履薄冰般一步一步向前挪动。

因为藤蔑桥构造简单、取材方便，且成本也低，所以，过去独龙族喜欢架设这种桥。但是，因其材质在风吹雨淋下，容易腐料断裂，所以行人易发生危险。近年来，随着独龙江交通条件的改善，几乎每一座藤蔑桥边都建造了钢筋水泥桥或钢索木板吊桥，使藤蔑桥更显得古老沧桑。

3. 天梯悬架绝壁间

独龙江除了有溜索、藤桥，在悬崖间还有一种令人叹为观止的“天梯”。独龙江的天梯一般是将一块长短依据悬崖高度的木板（用斧头刨出来的厚木板）或一根木头上，等同相距砍出脚踩处，然后放置在悬崖下可容一人小心转身的石缝间。天梯几乎笔直依于悬崖上，再用藤蔑将其绑定在石头与树桩上，这样一个与悬崖一样笔直的天梯就架设成了。独龙江两岸的悬崖陡峭而且高峻，就不得不以多个相连的或位置稍微相差的天梯，结成一个与整个悬崖高度相等的巨长天梯。天梯甚高甚长，远视爬天梯者，就如一只只细小的蚂蚁在蠕动，因而有“蚂蚁蹬天梯”之说。

天梯　（高志英摄）

4. 驿道隧洞险丛生

为了改变独龙江与外界的交通，1963 年 2 月，党和政府拨出 20 万元专款，并作出“军地联合”共同修筑从贡山县城通往独龙江的人马驿道的决定，中国人民解放军驻贡山部队指战员与当地的独龙族、怒

族、藏族、傈僳族、纳西族、汉族等群众经过9个月的奋战，终于修通了从贡山县城丹打通往独龙江的全长65公里的人马驿道。从此，独龙江边第一次响起了马铃声。

但是，65公里的人马驿道需要3天的爬山涉水。而且，每年秋季到次年初夏，大雪仍然覆盖高黎贡山山顶，飞鸟绝迹，交通阻断。即便在开山通路季节，暴雨、泥石流、塌方时常发生，交通常常被阻隔。每一次走人马驿道，都是一次惊心动魄的探险，山路崎岖坎坷狭窄，人马随时都有雪埋、雨淋、石砸、蛇咬、兽惊的危险，一路上骡马的累累白骨都成了路标。尤其是在高黎贡山海拔3500多米的垭口隧道，虽然仅1000多米，但简陋得仅仅是在打穿一个低矮幽邃的遂道之后，用木头固定在洞的两壁与顶部以防沙石掉落，水滴却不断从顶部滴答滴答坠下，也从两壁汩汩渗出，在隧道内形成及膝深的水塘。大白天进隧道也是漆黑不见五指，即便盛夏也寒气透骨，借车轮溅起阵阵水花看到从顶部与两壁快要掉落的木头，很是担心车与人都会在一瞬间埋在山洞里。这种经历对于每一个游客都是终身难忘的。

五、文面

妇女文面是独龙族所特有的文化现象。在独龙女文面的起源与文化功能的研究中，学界有西藏察瓦龙土司与傈僳族人强迫文面说、独龙族反抗形式说、民族标志和传统习俗说、美的标志说、宗教观念说等诸多见解。

1. 古老习俗独龙存

《百夷传》[①] 中描述："弩人，目稍深，貌尤黑，额颅及口边刺十字十余。"此"弩人"即今天怒族之先民，而怒族与独龙族有较为亲近的

① （明）钱古训、李思聪．百夷传．

族源近亲关系，说明古代独龙族也可能有文面的习俗。而且，至今独龙族妇女文面也与“弩人”一样，主要是在额颏及口边。

《维西见闻纪》[①] 称：“怒子居怒江内……男女披发，面刺青文……性怯而懦，其道绝险，而常恐栗粟（傈僳）侵之，而不能御也。”乾隆《丽江府志略》[②] 亦称：“怒人，居怒江边，与澜沧相近，男女十岁后，皆面刺龙凤花纹，见之令人骇异……其最远者，名曰怒子，言语不通。”说明当时文面不仅限于妇女，男子也文面，且文面年龄在10岁以后。“怒子”，其地望在永昌之北，结合今天独龙族、怒族的分布状况，其中应该包括居住于独龙江流域的独龙族先民，其文面习俗与明“弩人”相袭，具有明显的文化传承性。

《怒俅边隘详情》[③] 记载：“上（独龙江）江女子头面鼻梁、两颧、上下唇，均刺花纹，取青草汁和锅烟，揉擦入皮内成蓝黑色，洗之不去。”[④] 较为详细地记录了文面的部位、方法以及颜色等，并说明文面仅限于妇女。

1929年，独龙江边境危机，杨斌铨、王继先受国民政府命前往独龙江勘查，其报告说：“俅民，有女子年至四、五岁时，以青色图画面如飞蝶形，用针刺之，使黑。”又言：“（俅江）女子并刺花纹于面部……将女子十二三岁时以针刺面部，涂蓝色。”[⑤] 与夏瑚所言一致，再次证明了仅有女子文面，但文面年龄记载相差甚大。在20世纪30年代勘察独龙江的人类学家陶云逵的记载道：“自拉卡塔至不考王河为文面俅之分布中心，自此茨那王而下至茂顶以南，女子仅文颔……共

---

① （清）余庆远．维西见闻纪．

② （清）官学宣，万咸燕．丽江府志略．

③ 夏瑚．怒俅边隘详情//方国瑜主编．云南史料丛刊第十卷．云南大学出版社，2000．

④ 夏瑚．怒俅边隘详情//方国瑜主编．云南史料丛刊第十卷．云南大学出版社，2000：146．

⑤ 夏瑚．怒俅边隘详情//方国瑜主编．云南史料丛刊第十卷．云南大学出版社，2000：145．

测量三百人，二百人为文面部落，一百人为文颌部落。”20世纪40年代，严德一在《俅子——传说父辈尚为有巢氏之民》一文中指出：“独龙江边的居民……女子嘴唇上更刺有须形的花纹，这种装束的人，就是我国人所称的俅民。”① 很显然他把妇女文面当作“俅民”的族群标记之一。

20世纪五六十年代的调查资料没有进行文面女人数统计，但是北部和中部村寨的调查资料中皆记录了文面之事，说明文面在当时仍普遍存在，现在世的文面女绝大多数是在1950年之前就已经文了面的人。目前，老文面女日渐衰老去世，独龙文面女的数量便逐年减少，目前存世的文面女只有40余人。

2. 文面谜底众纷纭

成年礼。独龙族妇女文面时的年龄多在十二三岁，在独龙族社会中是从幼年向青年的转折点，文面就显示了对其社会角色的认定，可以理解为一种女性成年礼仪。而结婚后才文面，一是对传统文化象征的追认，二是从少女到妻子身份转变的标志。尽管文面的过程非常痛苦，但是这种人生通过礼仪使每一个单纯的自然人打上了其氏族、家族乃至民族的文化烙印，既为成为其社会的一员开具了通行证，也为成为其社会的一员作了文化和心理上的锤炼。

文化标志。有专家认为：“（独龙族）女子文面，各个家族、氏族，都有自己的特殊纹状，这是区别氏族或家族的一种特征和装饰。”② 虽然各氏族、家族妇女文面没有明确的特殊式样或图案，但显然北部地区文面妇女数量较之南部多，而且文面面积、图案也较之南部复杂。从上游到下游文面图案呈现出由繁到简的一个过渡趋势，大致与各氏

---

① 尹明德．中国方志丛书·云南北界勘查记，（台湾）成文出版社有限公司据民国·滇缅界务调查小组报告．民国二十二年刊本影印，318.

② 罗荣芬．独龙族风俗习惯//云南省民委编．独龙族文化大观．云南民族出版社，1999：21.

族分布格局相一致。

异族掳掠。自有文字记载以来，独龙族曾饱受异族侵凌压迫，独龙族把文面当作逃避他族土司和头人抢掠的手段的说法颇为流行。然而，也有学者认为，在其调查的存世的64位独龙文面女中，只有6人提到文面是为了防抢掳；而且察瓦龙地区很少有独龙族妇女，藏族老人也都没有类似记忆。[①] 其实文面与抢掠有关的说法正是独龙人对既往存在的冲突和掠夺为主的民族关系的一种诠释，是独龙民众弱势话语的一种表现。

高志英与独龙文面女 （高志英摄）

文面为美。史志中多谈到独龙族把文面当作美的标志。《永昌府文征》[②] 指出："各江女子多有刺面部或上下唇成黑兰花纹以为美者……此则俅夷之风土人情也。"《云南边地问题研究》[③] 也指出："见妇女于面上黔刺花纹之事，乃今始于曲子得见之，夫装饰身体，

① 沈醒狮．独龙族文面习俗现状调查．安徽师范大学学报．2005（2）．

② 夏瑚．永昌府文征．

③ 李根源．云南边地问题研究．云南省立昆华民众教育馆，1942．

以助美饰。”《滇缅北段未定界境内之现状》[①] 说：“自高黎贡山以西，女子脸皆以刺刺小孔，涂以黑色，使成花纹以为美观，否则必然人所笑耳。”这些记述不仅记录了不同地域文面的区别，正如陈瑞金所说：“同时说明了独龙族女子文面是出于装饰的需要，具有美的观念。”独龙女把认为美的事物文在脸庞上，感受着同族群的人才可以体会到的美感和愉悦。

死后化蝶。在独龙族鬼魂观念中，认为人的生命过程有两个阶段，第一个生命阶段结束后，过渡到第二个生命过程“阿细”。“阿细”亦并非灵魂不灭，而是经历与第一阶段的相同生活、相同经历，最后走向死亡。“阿细”死亡时幻化成色彩各异的蝴蝶，男性化成灰色蝴蝶，女性则化成色彩斑斓的美丽蝴蝶，蝴蝶死亡，人类生命才最终消失。独龙人把人生的结束与蝴蝶联系在一起，虽说并非图腾，但在其灵魂观念中至关重要。各种调查资料多说到独龙女文面如“飞蝶”，是对文面图案的主要特征。独龙族女学者罗荣芬说：“独龙族文面之俗与该族早已消失的图腾崇拜物有某种联系，其根据是独龙族对人的灵魂的解释，认为人的亡魂‘阿细’最终会变成各色的蝴蝶飞向人间而自灭。这种古老的意识反映到文面上，即把整个脸文划成张开双翅的蝴蝶：文面从眉心开始，鼻梁、鼻翼刺相连的菱形长纹，并以嘴为中心，从两侧鼻翼向两边展开，经双颊交合到下颌，组成小菱形纹的方圈，双眼以下的脸颊空间，横刺点状花纹，下颌方圈内刺竖向条文。”[②] 多名文面女都说，文面菱形图案象征着蝴蝶，眼睛下面的点代表着蝴蝶的眼睛。说明文面图案形似蝴蝶与“阿细”幻蝶的灵魂观念存在着某种联系，表达了人们对于死后去向的关怀。

---

① 张家宾．滇缅北段未定界境内之现状//云南边地问题研究．云南省立昆华民众教育馆，1942.

② 罗荣芬．独龙族宗教信仰//云南省民族事务委员会编．云南民族文化大观丛书·独龙族文化大观．云南民族出版社，1999：88.

六、节日

独龙年，既是宗教节日，也是独龙族唯一的传统年节，独龙语叫做“卡雀哇”。过节的具体时间是在每年的 12 月至翌年一月，各村寨自己选定节庆日期，时间并不一致，但一般都在这两个月之内过节。一般以一个村寨或者家族为单位，有时也几个相邻的村寨一起过。过节时人们便以“结绳”、“木刻”相约，被邀请的远亲或朋友，都会如期前来过节。

以往，节日里每个氏族和部落都要集体围猎野物，谁猎到野物都会分送各家各户。部落主妇则将年食分送给各个家庭，或者家庭与家庭之间相互分送。这种做法独龙族称为分食。过去，独龙族在除夕就餐时必须要等一个部落的成员都到齐，若缺少一人，则不能开锅。岁首清晨，曙光初照，山寨里就响起了铓锣。

这迎新的铓锣声，庄严地告诉人们新的一年的开始。早餐过后，人们随着铓锣的敲响，不约而同地来到山寨的旷地，用古朴的习俗欢度新年。人们不分年长和年少、不分性别和家族，手牵着手，脚步和着脚步，组成长龙，跳起流传久远的民间舞蹈。上了年岁的长老们则以编织得异常精巧的独龙藤器，盛满可口的菜肴，按照传统习俗给每个人分食。一时间，歌唱声、欢呼声、粗犷的舞步声交织在一起。在这欢乐的时刻，围坐在一旁的部落歌手就会吟唱起古老的“年歌”：

年十二月三十日，
是独龙的“卡雀哇”，
是独龙的年节。
独龙兄弟见面的时候到了，
独龙兄弟欢聚的时刻来了。
我们的猪养肥了，

我们的酒煮好了。
大家一齐来吧！
围着火塘吃肉喝酒，
以后你们杀猪，我们也来分食，
这是我们的年俗。
把篝火添旺，
将铓锣敲得更响，
吃饱了好唱“年歌”。

传统的独龙族年节带着浓厚的原始宗教色彩。在年节前，每个氏族和部落要组织打猎，一旦猎到野熊就要祭天，若猎不到野熊，那就要在年节里组织部落的全体成员进行剽牛祭天。剽牛时还要吟唱祭神歌，由强悍绕勇的猎手表演长刀舞。山寨里德高望重的长者则要手捧水酒，面对苍天进行虔诚的祈祷。还要由巫师“乌”来亲自剽牛以祭天，并由献出牛祭天的牛主人背着牛头带领大家跳牛舞，之后与大家一起煮吃牛肉。新中国成立以后，随着独龙河地区经济文化的发展，独龙族的年俗有了很大的改进。如今，独龙族人民过年还吸收了许多有积极意义的做法，如在新年临近的时候，人们相互问候，互赠年食，青壮年们自动组织起来为鳏寡老人做家务，洗被褥，送年食，以及举行歌舞晚会。

第四章

婚姻家庭

新中国成立以后，独龙族实行一夫一妻制，但传统婚姻形式在老一辈独龙族中仍然有延续。改革开放以来，异族通婚，特别是独龙族女子外嫁较为普遍。同时，一部分信仰基督教的独龙族则按照教内规定缔结婚姻关系。

第一节　亲上加亲婚嫁本

一、婚嫁

独龙语对婚嫁关系称为“昂欧”，为“亲家”之意。但与一般的亲家意义不同，独龙族的亲家一定是在相互结成的通婚集团之内，是一种传统婚姻制度下的规定性存在，既不能够随意结成新的亲家，也不能改变传统的亲家关系，这是其婚嫁关系建立的基础。

长期以来，独龙族一直盛行氏族（家族）环状外婚婚姻，这是相互通婚的通婚集团所有成员均享有的权利，同时也是必须要尽的义务。与此伴生的妻姊妹婚、家长多妻、转房婚、家族内婚以及非等辈婚等，都出于“亲上加亲”的意愿和目的。他们认为几个弟兄娶几个姐妹为

妻，可以和睦相处，而且财产不会外溢。因此，氏族环状外婚制是新中国成立之前独龙族最基本的婚姻形式，因而反映这种婚姻观念的求婚歌、劝嫁歌、配亲歌也比比皆是。其中，以下这首求婚歌就体现了独龙族这种家族环状外婚“亲上加亲”的观念：

男方父母唱：

恳求你把女儿许配给我的儿子作妻子吧！

我们家族的人呀，

都是以你们家族的姑娘做妻子的啊！

祖祖辈辈都是这样的啊！

这时，如女方的父母答应这桩亲事，就回唱道：

你说的有道理啊！

自古以来，

我们家族的姑娘，

都是给你们家族的人做妻子的。

现在亲上加亲，

我们的女儿不给你们给谁呢！

这首歌明显反映了开婚集团双方互为亲戚，女子习惯上要嫁给开婚集团的男方为妻，男子也要作为开婚集团的姑爷的传统观念。通过环状外婚，使独龙族的众多氏族（氏族）直接或间接结成为亲戚，成为生产生活中的联盟。同时妻姊妹婚、寡妇改嫁时转房制、兄终弟及、不等辈婚等习俗，也同样体现了独龙族这种“亲上加亲”的观念。

在独龙语中，两个通婚集团的男子通称为“楞拉”，汉语意思是“丈夫”或“男人”；一切女子通称为“濮玛”，汉语意思是“妻子”或“女人”。“楞拉”、“濮玛”的称呼即是表明这一氏族的所有女子有成为另一氏族的男子的妻子的义务，同样也表明这一氏族的所有男子有成为另一氏族女子的丈夫的义务。但是，独龙族的这种对偶婚，一群男子在诸妻中有一个是主妻，而且是固定的，而其他人只是同宿关系或小妻，体现了独龙族的婚姻正处于从原始的对偶婚向一夫一妻制过渡的阶段。①

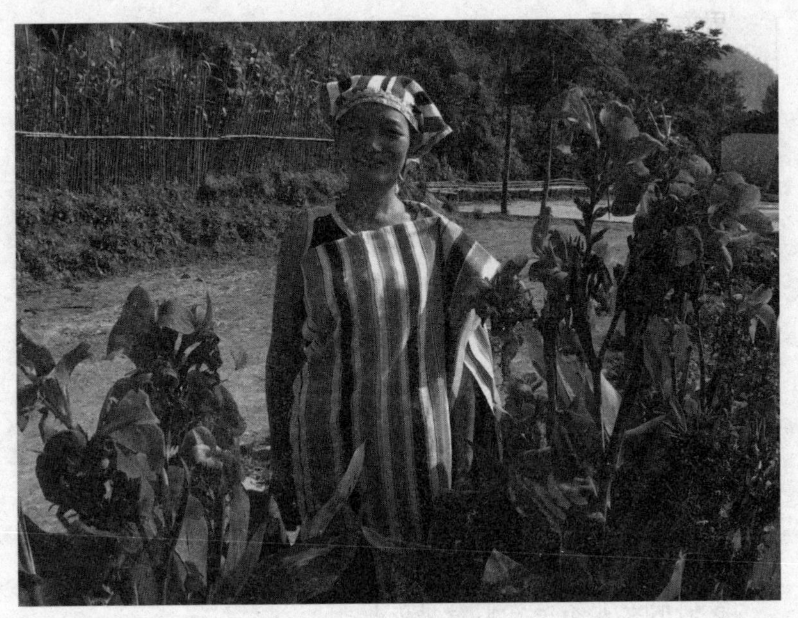

独龙族女子 （高志英摄）

独龙族对偶婚的另一发展形态是姊妹婚，即一个男子，同时或先后娶亲姊妹俩为妻。这种婚姻，独龙族称之为“安尼南”，意思是“娶俩姊妹”。同样，独龙族的姊妹婚也不仅限于娶亲姊妹，而是扩大到了娶堂姊妹。姊妹婚较对偶婚已经往前发展了一步，这是男子掌握了权利，女子社会地位降低和多妻发生的前奏曲。在这种情况下，大妻的

① 云南省编委会编．民族问题五种丛书·独龙族社会历史调查（一）．云南民族出版社，1981：48.

家庭地位已经比较巩固，她可以掌管经济和粮仓。小妻只能居于被支配的地位。但由于是两姊妹或三姊妹，大妻和小妻之间，相处还是比较和睦的。

独龙族的婚姻还有一个传统习惯，诸兄弟中有一个弟兄死了，其妻便转让给弟兄中的任何一个；如果三弟兄中有两个弟兄死了，两个妻子便首先转让给第三个弟兄；如果第三个弟兄不愿意，可以转让给其堂弟兄、叔叔，甚至其父亲。独龙族的转房制是沿袭着把妻子作为氏族（家族）内部财产及劳力不得外溢的古老习惯而保存的一种婚制。由于妇女是用一定的代价换来的，作为家庭的一项财产看待，所以转房是男方家族的一种权利；同时，为了维护婚姻集团间的亲戚关系，转房也就成为男方家族的义务。①

独龙族的非等辈婚即是不同辈份之间的婚姻关系。非等辈婚作为原始对偶婚的另一种反映，如果父亲死，父之小妻归长子占有；儿子死，如无兄弟，儿媳归公公所有；亲姊妹也可以分嫁父子。这种不同辈份之间的婚姻关系反映了独龙族婚姻关系的特殊现象。究其原因，乃是独龙族尚未形成明显的亲属辈份观念，在他们的观念中主要只有男女性别之分，而无长幼辈份之别。作为一种古代杂婚的遗俗，在新中国成立年前的独龙族社会里一直保留着，从而形成“红颜配白发”、“少年娶老妻”的特殊现象。②

家族内婚是极其少见的现象，独龙人有句俗语：“尔哇尔莫甲尔莫久”，即自家的姑娘不讨。独龙族的家族内婚，全是在堂兄妹之间的家族内婚，而无亲兄弟之间的家族内婚，这应该是从血缘婚向族外婚过渡时期的原始残留婚姻状态。

---

① 云南省编委会编．民族问题五种丛书·独龙族社会历史调查（一）．云南民族出版社，1981：7.

② 云南省编委会编．民族问题五种丛书·独龙族社会历史调查（一）．云南民族出版社，1981：49.

从上述独龙族复杂的传统婚姻制度中，我们可以看到一部婚姻进化史的缩影，同时也是人类社会制度过渡阶段多种婚制的并存的展现。新中国成立后，特别是实施《婚姻法》后，独龙族的婚姻过渡到了一夫一妻制阶段，但是婚姻主要在独龙族内部进行，家族环状外婚与妻姊妹婚仍然盛行。

二、家庭

1. 火塘分居同屋下

独龙族的个体家庭是儿子结婚之后，单独建立的小家庭，但住宅仍与父母的房子联在一起，同房居住，分锅吃饭——实际上是分火塘吃饭，父母则留小儿子共同生活。大家庭的儿孙结婚后不分居，紧接着原来的住宅加盖一间房子，形成以火塘为中心的小房间，每对夫妇及年幼的子女占有一个独立的火塘。下一代再一次加盖，始终排列成一行，最长的有十多间，分为两厢，中间留一过道，大家住在一起，共同劳动，共同生活，一切粮食财产都是共有，只有男子的弓箭长刀、妇女的首饰属于个人所有。

儿子与父母分家时作为财产分配的，一般只有一口锅及一些粮食，少数富有的人家可以分到一盘三脚架、一只小猪等。土地则不分，轮歇地仍然保持共有，共同劳动所取得的粮食，由弟兄们平均分配。副业生产则各户单独进行，如挖虫草、贝母等药材归个人所有。如分得的粮食不够吃，自己可以单独开种一部分土地，通过互助换工“瓦刷”来进行生产，也可以和其他人伙同开荒，以满足个体家庭的需要。也有一些弟兄分家以后，因村寨内可耕土地不多，即搬到其他地方，单独建立村寨或加入其他地多人少的村寨，但仍与本家保持着联系，遇到杀牛祭鬼或婚丧等事，都要请本家的人来参加或送肉给他们。

独龙族家族内辈份及年岁最长的男子是当然的家长，家长职责是

安排生产，管理粮食，对外交涉联系也由他出面。家长很受尊重，但没有绝对的权力，有事全家族男子共同商量办理。家长制家庭同样实行土地的伙有共耕，共同狩猎采集，共同分配粮食和共同吃“大锅饭”。

按照独龙人的习惯，家庭离不开火塘，火塘终年不能熄火，大房中的数个小家庭，都拥有属于自己的火塘。家长新娶进妻子，或者子女结婚成家，大房中便立刻增添一个新的火塘，火塘成了小家庭的象征。一个大家庭内有几个人火塘，便包含几个小家庭。不论是新婚还是有小孩的家庭，一般都围着自己的火塘而居（也有少数地方是在大房子中隔成若干小间，小家庭居住在小间之中），这就是“火塘分居制”，独龙语称之为“卡尔信”。

独龙族人家　（高志英摄）

独龙族的家长制家庭，还包括出嫁的女儿与女婿都可以参加其家族公社，他们在家庭中，完全和其他成员一样，处于平等的地位。直到今天，独龙族仍保有出嫁的女儿领着女婿回到母家小住的习俗，女婿参加岳父家的生产，成为必尽的义务。岳父家需要劳动力，随时可以把女婿唤来，女婿不能拒绝。如果岳父家的儿子年幼，缺少劳动力，女婿便要住在岳父家，帮助劳动，直到岳父家的儿子长大成人时，或者岳父母死去才能离开，独立组织自己的家室，或者回到自己的家族公社里。

独龙族的家长制家庭中的老人，只要还能独立劳动，就要保存一个独立的火塘，在经济上和饮食上，仍是一个独立的单位。直到丧失劳动力时，才能加入儿子的火塘。长大成人的子女，在条件允许的情况下，也可以另辟火塘，供他们住宿，在经济上还未形成一个单位，他们收成的粮食，要加进父母或者兄嫂的火塘。①

2. 主妇管仓又分食

独龙族的家长制家庭，煮饭由妇女轮流担任，吃饭时无论大人小孩皆平均分配。如吃干饭，担任煮饭的人用树叶包好，每人一份；如吃稀饭，则各人拿竹筒去领取，然后拿回自己房里吃。遇到吃肉的机会，也是按份平分，任何人不能多享。

每一个独龙族家庭都有一个或多个仓库，每一种粮食放在一个仓房里。仓房有时建在离住所很远的山上隐蔽地，用以防止异族劫掠。仓房分两种：一种叫“捧千”，即大仓房，每一个大家庭共同收获的粮食，都可以积储在大仓房里，共同使用；另一种叫“捧秋”，即小仓房，也可以叫私人仓房，这种仓房是用以储备死人粮食（即人死后煮酒用）的。如果一家有三男二女，3 个弟兄各有一个仓房，两个姊妹也各有一个仓房。一般来说，仓房只是在儿子结婚之后才能有的，小仓房就象征着个体家庭的逐渐分离和私有制的发展。但是，当一个大家庭的共有大仓房的粮食吃完之后，跟着便是轮流动用小仓房内的粮食了。

---

① 云南省编委会编．民族问题五种丛书·独龙族社会历史调查（一）．云南民族出版社，1981：62.

大仓房必须由家庭主妇管理，小仓房只能由儿媳妇管理。仓房是象征“瓦密”（福气）的地方，不能轻易让别人去看。当家庭主妇死了举行葬仪时，由家长邀请全体成员和女方亲戚一齐来到仓房前，将仓房当众打开，根据储粮的多寡，由大家来确定煮几大罐水酒（每罐重25斤左右）请大家吃，吃完为止。他们说，如果是有“瓦密”的人，仓房里的粮食是吃不完的。这就说明主妇平时储粮之丰了。男子从来不过问仓房及粮食多寡等事务，粮食吃完了，主妇告诉男人：“明天打猎去吧！”男人们便相约携带弩弓、砍刀，领着猎犬上山去打猎。如果是在五六月间，就相约去集体采集野菜、野粮。

按照独龙族的习惯，一个家庭有两个以上儿媳的，便要实行轮流煮饭。如有3个儿媳妇，早晨由大儿媳拿出粮食煮饭，晚上就由二儿媳拿出粮食煮饭，次晨就由三儿媳拿出粮食煮饭。吃饭时，一定要由家长的妻子或家庭主妇来按人头分配食物，每人一份。这种主妇分食的习惯，独龙族称为“额杂布朵”。如果主妇死去，便由长子的媳妇分食，依此类推，家长和男人是不分食的。主妇分食制，实际是早期母系社会的残留制度。

三、亲属称谓

独龙族的亲属称谓反映了长幼辈份、相互义务和社会制度的某些特点：

一是简单社会称谓少。独龙族的亲属称谓的特点是较为简单，纵的直系称谓能叫出上3代和下3代，横的称呼只能叫出伯叔、姨母及其子女。

二是父系母系同称谓。独龙族亲属称谓另一大特点是父系、母系亲属的称谓基本相同，这样就出现了不同关系的亲属却相同称谓的情况，如阿干：祖父、从祖父、外祖父、舅祖父；阿称：祖母、姑祖母、外祖母、姨祖母等。这说明独龙族社会关系较为简单，而且父系与母

独龙族人家 （高志英摄）

系地位平等。

三是同辈男女皆配偶。独龙族亲属称谓中没有“妻子”与“丈夫”这个称谓，称呼妻是在“仆玛”的词前加代词“恩”（独龙语，“我的”意思），即是“我的女人”；称呼丈夫，则在“楞拉”前加上一个代词“恩”，即是“我的男人”。而且，并非是自己的妻子才称其“仆玛”，也并非是自己的丈夫才称为“楞拉”，而是在通婚集团间的男女间皆互称“仆玛”与“楞拉”，是其家族环状外婚制在亲属称谓中的反映。

独龙族亲属称谓的简单性，意味着社会关系也很简单，这也是独龙族传统社会结构的特征。

四、生育习俗

独龙族的传统生育习俗体现在接生、坐月子、哺乳与起名等方面。

接生。按传统，若家中正在酿过年时喝的酒（即过卡雀哇节祭祀

天神“格蒙”用的酒），以及家里有种子或者男人的狩猎工具等，就不允许产妇在家分娩，要到别人的家里或娘家分娩，或者在家宅旁的仓房内分娩。独龙人认为产妇身上的血很不干净，会影响男人猎获野兽，也会冲散家人的福气。因此，直到给婴儿剪了脐带、洗过温水澡，才能携婴儿回家。认为小孩生在室内不洁净，还因为室内有弓箭，冲着以后，便打不到野兽；姑娘出嫁后，子女不得生于娘家，否则认为子女不兴旺。如有此事发生，女方得送酒一瓶、猪半条给母亲家，以补损失。若产妇生产后的第二天，其丈夫要出远门或山上放索套狩猎，他就不能靠近或触摸产妇及幼婴，否则出门在外会遭不测。

独龙族妇女从怀孕之日起，就严禁触摸奇形怪状的树木或石头，不能东张西望，看不该看的禁物；临产前，习惯把房屋内外所有东西上拴结的绳子解开，把罩在箩筐、锅、竹筒、缸、盆、碗等物件上的盖子揭开，否则认为孩子降生时会喘不出气来，而且孕妇会难产；家人从野外背来的干柴、猪草、野菜等要立即从背箩中拿出，摊开摆放整齐。倘若不如此做，产妇将会难产，母子都有生命危险。独龙妇女在怀孕的一段时间里，不能看猴子、癞蛤蟆之类的东西，否则认为生下来的孩子会奇丑无比；孕妇不食模样难看的动物的肉；孕妇出门在外，路途中吃不完的食物就不再背回家，否则会难产。孩子出生后，胎盘要由产妇的母亲收拾好并埋在不受雨淋的房檐下或岩洞、乱石堆里，绝大部分埋在楼底下或火塘旁的干木灰里。孩子出生时垫的带血的茅草，待三天后要焚烧掉，否则会给家庭带来晦气。产妇引产时，年轻男女不能旁观，否则认为眼睛会看不见东西，成为瞎子。若请接生婆，最好送其一个口缸、碗或者一串珠子，皆为白色，用来给其“擦”眼睛。独龙人说，凡见到产妇的血的人，眼睛会自动地瞎掉或者变成近视眼，所以要用东西擦擦眼睛才会好些。认为若被雨淋湿，婴儿的脐带处会潮湿不干而影响娃娃的健康。

坐月子。独龙族妇女没有坐月子的习惯，产妇一般五六天后便开始活动，开始做些较为轻松的活计，如在家宅附近的地里摘苞谷、南瓜、黄瓜，挖芋头、洋芋等，或者在家做饭、喂猪、喂鸡等。10天以后，便正式参加劳动，也在家宅较近之处挖地、收庄稼、薅草等。3个月后，就到更远的地方干重体力活。所以，独龙族妇女无论在产前、产后都没有得到很好的休养。① 刚生婴儿时，产妇吃一些肉类以催乳，如鸡肉、野兽肉、鱼肉等，喝鸡蛋汤。过五六天以后，产妇与家人吃的就没有区别了。②

新中国成立以后，尤其是改革开放以来传统的生产习俗有了很大改变。

哺乳。独龙族婴儿都是靠母亲乳汁喂养。在婴儿只有两三个月，母乳足够时，就只吃母乳；等婴儿慢慢长大，食量大起来后，也给其增添一点辅食。

如果不是母亲身体特别弱，有重病，或者自然没有乳汁，往往到下一次怀孕时，上一个孩子才断乳。大多数孩子断乳一般到一岁多。产妇在月子里没有明显的饮食禁忌。

起名。独龙族一般是男孩出生6天起名字，女孩出生7天后起名字。独龙族说，婴儿从出生算起，男孩6天后满日，女孩7天后满日。即正式起名，从此开始算家庭中的一个正式成员。

新婚夫妇如果第一胎是男孩，取名就以“普”起头，如果是女孩就以“婻”起头。男孩子的名字有从一至八的排行传统称谓，从老大开始到老八的顺序是：普、斤（都里）、昆、曾、丁、批、炅兰、亚。女孩子从老大到老七的称谓是：婻、念、江、妮、青、当、代木巴等。

---

① 李金明．民族文学研究集刊13·独龙族原始习俗与文化．云南省社会科学院民族文学研究所．1993：79.

② 李金明．民族文学研究集刊13·独龙族原始习俗与文化．云南省社会科学院民族文学研究所．1993：79.

不管取什么样的爱称，第一个词必须用排行名。[①]

五、丧葬习俗——峡谷两岸无坟茔

走遍独龙江，难以见到村落远近有坟堆，这是独龙族无祖先崇拜习俗使然。独龙族的传统丧葬习俗与其原始宗教观念相关，丧葬仪式中充满了对死魂的敬畏。独龙族有 4 种葬式，即水葬、火葬、房葬和土葬，其中以土葬为主。其土葬过程包括：

吊丧、守灵。独龙人死后即停在他日常睡处，家族成员及亲友一同处理丧事。尸首用麻布盖着，每家都要拿出少量的粮食、粑粑、酒、鸡蛋，放在尸体头前的小筐子里等候随葬，然后放入死者棺材内，表示希望以后五谷丰登。

人死的当晚，房内要生火，且整夜不灭，以防止“鬼”来吃尸体。人死后。整个家族（村寨）的人都要来帮忙，大家一夜不睡，围于火塘边，吃酒、喝茶。同时也有几个人或一个人在房子的周围不断地高声叫喊“纳不熄芷端那勒朗，不朗得卡那勒德”，即“人的骨头鬼吃不下去，鬼如吃了会全部死掉的”之意。

选坟地。人死第二天清晨（太阳将出时），由一个有经验的人到屋外去看坟地。坟地在住房的东边较近的地方，一般距屋 5 米左右，以能最先看到太阳之处为最好。独龙族相信有了这样的坟地，之后不会再死人。然后动手挖坑，坟坑为长方形，深约一米多。

出殡。尸体不得由正门抬出，而是由死者睡的地方拆开地板，由 4 个人从下面抬出，另由一人在前点火随尸体送至坟坑处，否则会继续死人，甚至全家死绝。然后用草蘸水为死人洗脸，这样可以使先死去的亲人能认识他。死者双手抱一只鸡或一个鸡蛋，尸体用麻布包着，

---

① 李金明．民族文学研究集刊 13·独龙族原始习俗与文化．云南省社会科学院民族文学研究所．1993：79.

棺材由 4 块木板围成。棺材通常由儿子来抬，若无子，则可由侄子来抬。请远血缘者抬，需送一把刀子。殉葬品有衣服、小刀及死者生前的用具，如弓、箭、织布机之类。葬式是曲肢侧身尸体的位置，头在北，脚在南，曲肢、侧体，面向东方，背靠西，以示后人兴旺之意。尸体下葬要由亲人动手填土，没有坟堆。

丧宴、分食。埋葬后第三日，由死者家属领村人到自家仓房中取粮食做酒，但自家人不得亲自拿，要由别人取。煮酒的数量，视各家的经济条件而定（邻近亲人有互相帮助的习惯，若自家不够，亲人帮出），需七八天即可做成。如果人是病死在家中，则不必请巫师来；如果死于外边，则需请巫师来念经——叫死者灵魂返家（死于外者，会迷路）。巫师要说魂已返家，村人便都送一点食物（粑粑）、粮食、烟等在死者生前的睡处，意思是让他吃。请巫师的另一个原因是要巫师告诉死者，家人在为他做酒，要他变出好酒给大家吃。酒做成后，便请家族成员及亲友、巫师来吃，同时还跳舞。主人则杀一两头猪，富有人家还杀牛请众人吃，家族成员及亲友也都送一点礼物来，大家共享。酒是从下午开始吃，直到吃完为止。有粮之家做酒多，可吃两三天。去吃酒时，来人可以自由地吃主人家所备下的食物。在吃东西时，要分一份放在事先备下的小筐子里——与死者分食。

祭奠。次日，众人随村中老人祭奠，并将为死者做好的粑粑在巫师念经后埋于坟上。同时，村中老人来吃酒时也另外做点食物送来，也在巫师念经后，一起埋在坟里。巫师把死者平时所用的衣物、碗筷挂在坟上。若死者是男性，则挂弓箭，女性则挂织麻布的工具，表示到阴间，继续叫其打猎、织布。这样做主要是表示把鬼撵到坟地里，此后家人不再祭。

在人死后 7 天以内，坟上插一根竹竿，并拴一根绳，直拖到家里，每天傍晚拉一次，表示鬼还在近处。7 天内，每天晚上要在坟前烧香。

隔一年后，坟上种起了庄稼，人们逐渐把死者遗忘。由于独龙族没有祖先崇拜，因而整个独龙河地区几乎找不到坟墓。独龙族也无固定的坟地，无夫妇共葬的习俗。今年的坟墓，次年则又可平地开种。

20 世纪 80 年代以来，随着外界交流的增多、独龙族经济的发展，葬式也逐渐发生变化，出现了数量不多的类似其他民族的葬式坟墓。

第二节　道德风尚亘今昔

一、传统道德

1. 夜不闭户路不拾

独龙族不但夜不闭户，白天也是不闭户的。他们家家户户不但无锁，甚至也没有围墙。每一栋房子虽然都有门，但并不是为了防止偷盗，而是为了防止有野兽或家畜家禽闯入。而且，有门也并不用锁，而是在门扇与门框的里外各有一个木头削成的插销关门。如果人在屋里，白天就关上门，夜晚用一根木棍穿过门扇与门框上边，把门关起来即可。如果外出，同样以一根木棍将门关起来。所以，外人到此，即便木棍把门，也可以擅自取下木棍，用主人家的粮食、烟熏鱼干、野味在火塘边做饭吃，可以一边煨茶一边等主人家回来；也可以吃饱喝足后，将门同样用木棍拦好后离开，主人回到家也并不会产生有盗贼入室的想法。如果客人还在，主人还会杀鸡或杀小猪款待客人。

在独龙江，无论是公路边，还是两岸山上的羊肠小道，常会看到一包包东西挂在树上，或放在石头上，这是赶路的独龙人放的食品。路途遥远，就不把食品带在身上成为负担；而且走半天的路程就放下一部分，在返途中到一定距离就可以取下食用。独龙族对沿途所见的吃食不会因为无人看守而擅自取用，高高地挂着也不是防止小偷，而是防被野兽吃掉。

2. 以心待客暖人心

独龙族待客，少有外界的问好寒暄，也无握手迎接，更无热情拥抱之类的，却像深藏于山间的清泉，安静、清幽，却滋润心田。

独龙族待客之道，是把客人当自己人。即客人来到独龙人家，做饭、杀鸡、吃饭、喝茶、饮酒，可以像在自家一样，主人家不会感到不悦，更不会舍不得让客人吃。如果远道而来，看到满院子跑的鸡，客人说要买一只鸡杀吃，主人会说：不卖，我们家没有鸡。但是给客人做饭时，却会杀鸡给客人吃。而且，他们自己不与客人同食。因为独龙人认为杀给客人的鸡，是已经给了客人的，主人与客人一起吃是不礼貌的。秋收以后，走亲戚与来往的人很多，有时一夜就有十多个过路的客人，有些靠路边的人家，不到过年，往往粮食就吃光了，但也毫无怨言。

同样，次日要离开了，客人想买鸡或鸡蛋带走，客人也会说：不卖，我们家没有鸡卖，也没有鸡蛋卖。但当客人上路了，主人会煮熟一锅鸡蛋给客人带去路上吃，也会送一只鸡给客人带走。

独龙族村子都比较小，谁家来客全村都会知道。到晚上，每家都会抱着鸡来客人所在这家，一起杀鸡，煮酒焖鸡，喝酒、聊天，让客人全无在异乡的寂寞。次日，客人要走了，全村人每家都会抱一只鸡，或煮几个鸡蛋给客人。如果没有鸡蛋，就煮芋头或洋芋给客人，有的带来扁米（干粮）给客人，还会为没有给客人好的东西深表歉意。

独龙人不会对客人来家感到不快，相反会说：你们从那么远的地方来，辛苦了！受累了！（因语言不通，很多时候是比划）总是想把家里最好的东西给客人。在遥远的独龙族村寨，虽然宾主的语言可能不通，也不用表示热情的肢体语言，但独龙人真诚的心却能够消除一切隔阂。

3. 互助团结重平均

独龙族的平均主义首先表现在生产上的共同劳动。不计工时及劳动力的强弱，平均分配。在家庭里遇到吃肉的机会，无论大人小孩，每人平均一份，客人也可以照样分得一份。村寨里有人剽牛祭鬼或猎获野兽，也是按户平分，主人不能多留。他们认为这样才是公平合理。盖房子与婚丧等事，都认为是大家的事，互相帮忙。对老弱病残、鳏寡孤独有共同抚养的义务。

独龙人中，很少发生因利益不均而引起冲突的事件。独龙人认为，有了粮食不给大家吃，是害羞的事情！这种原始共食思想，即使是今天还是支配他们思想意识的主流，最明显的便是有肉大家吃的“夏体夺”制（独龙族捕获的鱼如果在数条以上，除了自己留食一部分外，其余必须向家族成员分送若干）。这种共同分食的情形，一直延至今日。过去集体围猎期间，猎获物同样采取共同分配的办法，猎获野兽的猎手，可分得兽皮和一只后腿，其余分送各家。分送猎获物称为“发休夺”，它和分送鱼肉一样，是公社成员必须遵守的惯例。这种共同分食的习惯发展到后来，已经成为公社内部的习惯法了。凡公社成员任何一家杀牛或杀猪，都必须将肉分给公社成员吃，独龙语叫“发撒”。分送肉食采取轮流交换的方式，今年我家杀猪送你，明年你家杀猪也送还我。如果不杀猪，也可以送水酒作为答礼。杀牛杀猪不分送肉食给亲友的人，被大家称为“阿五亢”，意思是“小气鬼”。这样的人，在亲友间会受到冷遇。

二、神判禁忌

独龙族更多的是靠社会舆论维护社会道德，其中神判与禁忌也起着重要的作用。

1. 神判奇俗断是非

独龙族的神判称为“克尔大”，直译即是“天判”，其过程有浓厚的宗教意味，掺杂着一系列献祭、祈祷行为。

新中国成立以前的独龙族，如果哪家丢失了粮食、牲口、铁锅、铁三角、钱财，或是发现了不该有的性关系等事情，并指控是某人所为，如被告坚决不承认，原告又不甘罢休，就到族长或头人处申诉，提出用传统的“捞汤锅”的“天判”方式解决。族长和头人一般都是先行调解和劝阻。在双方争执不下且被告也同意捞汤锅时，才举行这种古老的靠天裁判的仪式；如果被告不愿接受“捞汤锅”，社会舆论会认为此事是他所为，他才不敢接受。独龙人相信有善、恶两种势力，如果自己的所作所为是善的，那么，神一定会看见，一定会恩赐自己；若所作之事不正当，则会碰见恶势力，人们最怕恶势力。因此，神判是族长不能解决纠纷的情况下才使用的一种极端手段。①

仪式举行之前，由原告提供一口大铁锅，在丢失东西的地方或自家附近，架火煮沸锅中的水，并加入黄蜡，锅下火塘里放上些小石头，使之烧红，双方的家族或全村的人都来观看，由族长或头人主持仪式。开始时，原告和被告双方都要对天神“格蒙”与地、山诸鬼起誓。原告人率先举手说：我因为丢失何物或因何事搞“克尔大”，认为是某人所为，但是他始终不承认，不服输。如果确是他干的，“格蒙”有眼，让他的手烂掉。被告人也举手发誓：某人说我偷了他的东西，我没有干，“格蒙”您是见到的，保佑我的手指不烂。这类仪式，按照习惯，被告人因故可以委托本家族的人代他执行。若赢了，所得之物归捞汤锅者；输了，则由被告负责承担赔还失主之物。双方起誓以后，被告要以极敏捷之动作从火塘中取出石头扔进锅里，再从滚水中拿出这块石头丢在地上，并向主持人和大家展示其手。如果他的手被烧伤烫坏，证明此事是他所干，他应服输，悉数赔还原告所失之物；如果他的手

---

① 云南省编辑组编．民族问题五种丛书之一·独龙族社会历史调查（二）．云南民族出版社，1985：58.

没有被烧伤烫坏，证明此事确实非他所做，算他赢了，原告人提供的这口用作仪式的锅归其所有。有时，还得按事先讲定的条件办，即原告人要把丢失的东西设法照原来数倍赔给被告，当作其名誉损失的抵偿；又如在起誓或下手捞汤锅之前，被告已经胆怯了，放弃了捞汤锅，又没有本家族的人愿意代替，那么，表明被告已经认输，他就要向原告加倍赔偿失物或损失。

在“捞汤锅”前，原告、被告还依据经济能力给天神献上各种祭品，后来还有人祭银圆等，乞求天神保佑。被告往往还准备一些小米，大部分献给天神，小部分撒进锅。小米若下沉，则赶紧捞取石头。根据调查，小米往下沉时，滚水并不烫，只是比平时煮猪食用手搅拌时的温度稍烫些，认为这是“格蒙”在保佑好人。若小米还上浮着，则暂不捞取，继续向天神、向锅里撒小米，直到小米浮起为止。如果失窃怀疑者很多，所有被怀疑的人都要参加“捞汤锅”才能洗刷自己的罪名。

随着独龙人法律意识的增强，“捞汤锅”已成为历史，但是至今仍对独龙人有震慑作用，甚至诅咒发誓仍被独龙人笃信。

2. 禁忌繁多护古德

独龙族社会流行的禁忌颇多，涉及传统道德的主要有以下几种：

宗教禁忌。一是对鬼类的禁忌，如不得在山林中随便谈论各种鬼，否则会招其前来作祟，或引鬼入村；在山顶上不能大声讲话或吼叫，这会触犯山里的各种鬼，招来坏天气。二是对火塘的禁忌，家中死了人，屋内火塘的火要烧得旺，切不可熄灭，不然众鬼会乘机前来作祟，连续死人；平日在家不能将水泼在火塘里的三脚上；壶水涨沸时要立即拿开，防止溢出浇灭塘火；不可将脚伸进火塘；睡觉或出门时要把火塘内的木柴码齐，或放到火塘边上，有余火的木柴不得乱摞放；更不得随便乱拨处置火塘内的石三脚。

生产禁忌。主要有狩猎禁忌与种植禁忌二方面。狩猎禁忌方面，家人外出打猎或下种之日，外人不得来拜访，否则来人的灵魂会把猎物夺去，猎不到野兽，或种子生不出来；猎人放索扣、设置地弩回家时，家中火塘的三脚架上不许放任何东西，不然套不住野兽；家中妇女怀孕期间，不能准备狩猎的一切工具；两人外出狩猎，不能高声说话，不能用水泼着火塘；出发打猎时，不能提到打猎之类的话；打猎的人成群结队去时，人员数目要成双数，不能是单数，否则有一个人将打不到猎物，还会遇到危险；畸形的动物不能打；自然死亡的动物不宜见；捡到别人打死的猎物分给大家吃才能免灾；打猎归来，打猎的器具要摆放好，不能让女人摆弄、触摸，否则下次出猎会空手而归。

种植禁忌方面，巫师说有鬼的地方，不得开垦耕种；某些地方禁开火山，认为那里有鬼，认为砍伐树木烧火山的人会病，粮食歉收；种子不得背往屋内，否则认为长不出来；砍大块的火山地，事前必须祭鬼，否则认为庄稼不长；劳动中见蛇打死后，立即休息，否则认为蛇更多；下种之日不得来访，否则种子生不出来；砍火山地这天，忌吃冷东西，喝水酒也要在火上加热，否则会下雨，砍到的树木会点不着火，前功尽弃；家里死人时放在家里的种子不宜采用；种植前要祭祀谷灵，播种所剩的余种不能食；种芋头，要悄悄地出工，不能大声喊叫，回来时也如此，种剩的芋头要当天在地里吃掉，不能带回家。

生活类禁忌。主要集中在丧葬、饮食与建房三方面。丧葬禁忌方面，人死后的第二天（即埋葬之日），全村不得下地劳动；村子里人死的当天，全村停止劳动；在人死、下葬和煮酒这 3 天，全村的人都不能下地干活；人死的当晚，屋内生火通夜不灭，以防“鬼”来吃尸体；尸体不得由正门抬出，必须从死者睡的地方撬开的地板隙里，由 4 人从下面抬出；坟地一般不能选在不见太阳的地方。

饮食禁忌方面，男子不吃家禽及野兽的脚和肠子，认为其是污秽之物，男子吃了就不能获得更多的猎物；猎获的兽肉及捕捞所得的鱼，不能用香油炒吃，否则会认为今后再也猎不到兽或鱼；妇女不能吃熊的脑袋及熊掌，若吃了就会变得跟熊一样笨拙，影响妇女麻利地操持家务；月经期的妇女不能吃捕来的鱼、猎来的兽肉，否则会影响男子的收获；去打鱼前一天不能吃葱、蒜等有特殊气味的食物，否则鱼会嗅到其味不上钩；女人不能吃鸡翅膀，否则做不好针线活，织不出漂亮的独龙毯；年轻女子不能吃猴子的上半部及头，熊肉及猪尾巴只能由老年妇女食用。

建房禁忌方面，不能在鬼多的地方建房居住，否则会造成众鬼乘机前来作祟，连续死人；忌讳盖房子备料时月亮与火星对在一起，担心新居会遭水灾，若有这种情况便要推迟日期动工；房子完工时，忌说不吉利的话语。

独龙族的神判与传统禁忌基本特征是以神灵信仰、神秘交感信仰、对超自然世界怀着虔诚的敬畏之情为基础和前提，是一种行为规范，旨在约束人们的言行。随着其原始宗教信仰的淡化，独龙族恪守的传统禁忌越来越少，尤其是年轻一代的独龙人不再像老一辈独龙人一样唯鬼灵为尊，唯禁忌为从。

第五章

民族经济与生产

第一节　种植采集兼捕猎

长期以来，独龙族在自然资源极为丰富的独龙江河谷，通过捕猎获得肉食，通过采集获得野菜野粮，通过刀耕火种获得粮食，长期沿袭着刀耕火种农业与采集、渔猎互为补充的生产生活。

一、渔猎

狩猎与捕鱼是独龙族满足其肉食之需的主要途径，在长期的生产实践中，积累了丰富的捕猎技术与经验。

1. 自然厚爱猎物多

独龙江两岸深山密林中，成群的野牛、野猪、岩羊、虎、豹、熊、鹿、獐、麂、兔、刺猬、竹鼠、穿山甲、大灵猫、水獭等野生动物，给20世纪90年代以前的独龙族提供了丰富的肉食及兽皮资源。

独龙族狩猎，所得之肉可食，皮可御寒及作交换物。一方面因畜牧业极其不发达，另一方面有丰富的动物资源可以依赖，独龙族肉食资源基本上就依赖捕狩所得。因此，狩猎在其以往社会经济中，虽已

不是主要的生产部门，但仍被独龙人所看重。据茂斗老人说，在70多年前与其父茂爪棒一年打到野牛、岩羊、虎子、山驴等70只以上，足够当时他家13口人吃5个月。从调查资料看，进入20世纪，独龙族中已没有专门的猎人，而是多作为一种生活方式。

独龙族猎网　（杨兴斌摄）

独龙族主要的狩猎工具是弩弓、竹箭与猎狗。弩弓使用很普遍，制作也很精巧，弓背、弓柄分别用坚硬质佳的岩桑和栗木制成，弓弦用麻反扭成绳。箭是用雪山实心竹削制，质地坚硬。分为两种：一种无毒，叫做白箭，用来射杀鸟雀；一种有毒，专门用来射杀野兽。箭头的毒药也分两种：一种是用毒液涂上，一种是抹上毒药。这种毒药只要接触到血液，便立刻流遍全身，使血管在几分钟内硬化，心脏跳动停止而死亡。竹箭用来埋设在熊、野牛经常经过的路上，其锐利如刀，可以戳死巨兽。独龙族在狩猎中，广泛使用猎狗。猎狗作为助手，也可以独立地猎取岩羊等兽类。

狩猎季节一般是秋收后的11月至次年3月，此时狩猎的有利条件是秋末降霜，山上的毒蛇转移至独龙江边冬眠。3月以后，野兽上山，毒蛇出洞，人和猎犬经常被毒蛇咬伤，此时即停止狩猎。集体围猎的主要对象是野牛、熊、野猪等猛兽，围猎这些凶猛动物时，必须召集众多的氏族成员，全力以赴才能实现。这就要有严密的组织和有经验的人指挥，才能获得丰富的猎物而又不受猛兽的伤害。个人狩猎是集体狩猎的补充，对象是岩羊、鹿、山驴、麂子、野兔、锦鸡等，捕捉方法是设地弩、陷阱、下扣子等。也有用锐利的竹签埋于野兽经常出没之地的方法，这种竹签也各人有别，以便于确定谁的竹签刺中野兽。①

无论进行集体狩猎还是个体狩猎，每个成员都在自己所用的箭镞上，削成特殊的标志，如削成方尖或圆尖，以便识别由谁击中。击中野兽是一种荣誉，在分配猎获物时给予奖赏。狩猎者往往将自己猎获的野兽的头骨挂在门前，表示自己是个狩猎能手。

2. 鱼口满江鱼满箩

捕鱼也是独龙族重要的生产活动之一。独龙江盛产各种鱼类，为独龙族提供了较为可观的鱼肉。在20世纪初，每户全年最大的捕鱼量为200公斤，一般也不少于50公斤。但由于江流湍急，鱼类不易繁殖；又加沿岸地势陡峭，捕捉困难；冬天积雪，不易捕捉。这些自然条件的限制，使独龙族的捕鱼业未能得到充分发展，在经济生活中未占主要地位，但捕鱼仍是大多数男子喜欢从事的活动。

独龙族把一年之内鱼群活动的规律归纳为“七上、八下、九归巢”，即七月鱼上去，八月鱼下来，九月鱼归深潭之意，并以此使用不同的工具采取不同的捕鱼方法。

捕鱼的劳动组织主要是个体，但大部分“克恩”（家族）有归

---

① 云南省编辑组编．民族问题五种丛书·独龙族社会历史调查（二）．云南民族出版社，1985：13.

“克恩”集体占有的鱼口，只允许本“克恩”的成员在渔口里捕鱼。各个“克恩”按照自己的家族区域，划分出若干个“克恩”公有的“度娃”——鱼口子，各个家族只能在所辖的“度娃”里捕鱼。以孔当家族为例，辖有江瓦、曼孔张、阿那当、哈邦猪、得架、勒得木、额期根7个“度娃”（又写作“得寡”）。每年5月初，鱼口子里便集中大批鱼群，这是最利于捕鱼的时刻。每个鱼口子每年可捕鱼两三百公斤，著名的捕鱼者称为“额久各勃拉”，每年可捕鱼数百斤。①

3. 平均分配人共享

如一兽先后被二人击中，则后者得尾巴及一腿，其余的肉则凡参加集体狩猎者均分得一份。

猎获品除去头、皮和一条后腿，优先分给击中者表示奖励外，其余的按平均分配原则进行再分配，猎获品的各个部分，按照参加狩猎的人数都分成相等的份。参加狩猎的人，要从自己分到的猎获品中，拿出一部分进行再分配，分给未参加狩猎的家庭或火塘。

二、采集

独龙族刀耕火种生产的收成是极不稳定的，工具不足未砍够林地，雨多而无法播种，或者长出的粮食被鸟兽吃光等问题年年皆有。因此农业生产的粮食往往只够吃几个月，能生产出一年所需的粮食则是极个别的丰年，一年中有三四个月多到半年以上的时间，处于饥馑状态，所以还必须以原始的生产方式——采集作为必要补充。因此，采集在独龙族的经济生活中仍然占重要的地位，仅次于农业生产。

① 云南省编委会编．民族问题五种丛书·独龙族社会历史调查（一）．云南民族出版社，1981：24.

1. 野菜野粮半年粮

新中国成立前，每年采集季节家家户户上山采集，找野粮野菜，遇到农业歉收，人们更需要依靠采集来维持生活，度过灾荒。[①] 每年从春耕起到秋收止，这一时期便是独龙族的采集季节，即独龙族的采集活动持续整个春夏至秋末，只是每个季节采集的品种不同。春天以采集花、茎、叶为主，夏秋以采集水果、坚果和块茎类为主。

砍刀是独龙族重要的生产工具 （徐冶摄）

采集的劳动组织，除去集体占有采集地的由集体采集外，多半以个体火塘为采集单位。男女成员都参加采集，老年人凭自己的采集经验负责指导，儿童虽然不是采集的主要承担者，但也协助成年人进行背运。好吃的野生植物不是生长在地下，便多是生长在地面上的巨大茎干。可是采集者所使用的工具，却是原始的木棒或一把简单的刀，为了获得采集品，必须付出较多的劳动，因此男成员就自然地成为采

① 云南省编辑组编．民族问题五种丛书之一・独龙族社会历史调查（二）．云南民族出版社，1985：12.

集工作的主要承担任，而妇女多半负责采集茎叶。

2. 满山珍宝采挖忙

独龙江高山上盛产黄连，独龙族从外族和药商那里知道黄连的经济价值，便用黄连交换盐、针、线、铁器、牛。后来，独龙族用黄连、贝母、虫草交换到工业品。于是，采集黄连、贝母、虫草等便成为他们最重要的生产内容。只是采集药材不是为了治病之需，而是用来交换。

独龙江山珍　（高志英摄）

在采集活动中，捕捉野蜂，采集蜂蛹、蜂蜜具有特殊的地位。独龙江两岸的岩蜂、牛角蜂、土甲蜂、火黄蜂、葫芦蜂、七星蜂很多，它们常常筑巢于崖壁大树或土洞内。每年春夏是产蜂蛹的季节，比较大的蜂房，蜂蛹有百斤左右，一般的有四五十斤，小的也有一二十斤。独龙江的野蜂又叫岩蜂，躯体比家蜂大一倍，每巢数万只，可产蜂蜜数十斤。

采集岩蜂的办法，一种是直接去崖上找，另一种是间接去花中寻，第三种是利用光线的照射去找。即当旭日东升，金色的阳光照在大地上，或日落西山，余晖尚在崖间之际，人在背光之处仰望，注意岩峰的飞翔方向。此时岩峰飞出互相追逐，或采花露而归，极易发现蜂窝。采集蜂蜜的工作一般由男子承担，但采来的蜂蜜需加工后才能食用，这便是妇女的主要责任。有的妇女也承担寻找蜂窝的工作，特别是当山上各种奇花异草争艳之时，妇女们如在花丛见蜂拥吻花蕊，便立即拔下发丝，系于蜂腰。岩蜂采好花粉，便曳着发丝飞回蜂房，依据其去向，便能找到蜂房。

采集活动的另外一个项目是采集鸟蛋、燕窝。每当春夏季节，独龙河谷的岩洞、树枝、草丛里，有种类繁多的鸟类筑巢孵卵，采集鸟蛋主要由孩子们进行。[①] 岩燕在岩洞里筑巢，一个岩洞有时可以采集鸟蛋上万只，以及为数可观的燕窝。但采集燕蛋和燕窝的活动也是充满了危险，在独龙江长大的孩子们从小就练就了一身攀岩绝壁的功夫，每年夏秋季节都能采集不菲的鸟蛋、燕窝。采集来的鸟蛋多给老人、幼儿和病人吃；燕窝则如贝母、虫草之类，用来与外界交换生产生活用品。

独龙族各地依赖采集的程度是不一样的，这与其农业生产发展的程度有关。随着生产的发展，耕地的逐步固定，季节性的采集比重逐步减少。

三、畜牧

1. 驯化野生为家养

独龙族的猪、鸡、狗的来源有两个途径，一是到察瓦龙等地交换

---

① 云南省编辑组编．民族问题五种丛书·独龙族社会历史调查（二）．云南民族出版社，1985：71.

而来，二是野生的驯化成家养的。在新中国成立以前，独龙族居处分散，“上下江均系地广人稀，恒三五十里始得一村，每村居民多至七八户，少或二三户不等。每户相距，又或七八里十余里不等。”[①] 林多人少，家家户户都在森林包围之中，野生动物繁多，有时会跑到家里来，人们就围之驯养起来。有时候狩猎看到野鸡、野狗与野猪的幼崽就抱回来饲养。野鸡除了下雪季节飞到村子觅食而被捉养之外，每年上山找野鸡蛋时碰到刚出壳的就抱回来饲养，如是快要出壳的蛋则拿回来继续孵化出小鸡来。这样一代一代饲养，野猪、野鸡也就变成了家猪、家鸡。至于狗的饲养，独龙族是比较重视，也是比较有经验的。因为狩猎经济的需要，猎狗也是狩猎中的重要工具，几乎每个男子都有一只猎狗。猎狗是独龙族的好朋友，所以除了白天下地上山不离左右之外，晚上也跟主人一起睡在火塘边。

曲牛即是今天所说的独龙牛，半野生半家养，往往在狩猎季节乘独龙牛来喝盐水的时候，碰到小牛就把其捉回来加以饲养。但是这种饲养也是季节性的，即秋末、冬天在河谷家园周围放养，从春夏一直到秋末则赶到山上自由觅食。

独龙族饲养猪、鸡、牛也都没有圈养，所谓家养的猪白天在家宅周围拱食，晚上也在家宅旁睡觉。独龙族饲养的鸡大多不是睡鸡棚，而是睡在树上。一到天黑，每家每户的鸡就一只一只飞到一棵棵树上，高低不同地歇在树枝上。

2. 禽兽放养山林间

20 世纪 50 年代之前，独龙族季节性野放的多是家畜，以猪、牛为多，即每年开春化雪，几户人家推举一位有经验的男性，把需要野放的家畜集中一起赶到山上去放养，到秋天赶回村子，然后各家主人把自家的家畜领回家。

---

① 夏瑚．怒俅边隘详情//方国瑜主编．云南史料丛刊第十卷．云南大学出版社，2000.

全年性的野放则是家家户户的家禽家畜每天都自由地跑到家宅附近的树林、田地里觅食。这类家畜家禽，多是猪和鸡，有的是每天自己跑去树林，晚上自己回来。

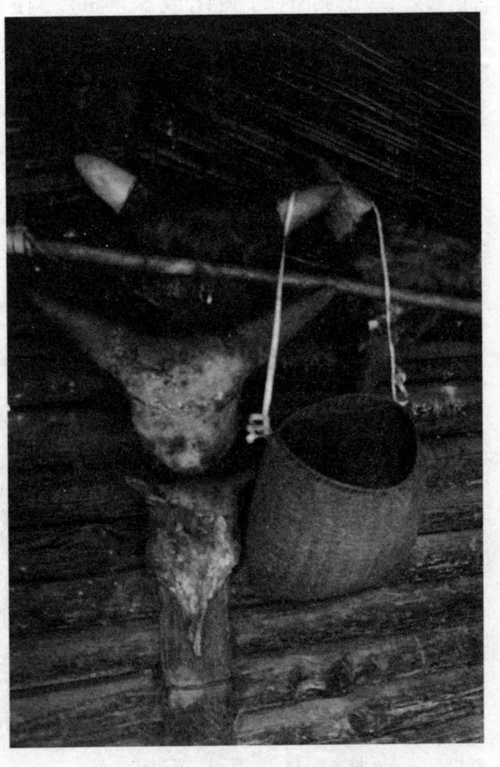
挂在独龙族人屋外的独龙牛角
（廖文英摄）

独龙族饲养家畜的历史不长。饲养的禽畜主要有牛、猪、鸡，都是用黄莲、野兽皮、贝母等土产向怒江和西藏察瓦龙藏族交换来的。独龙族换牛不是为了作耕畜，而是为了在年终庆丰收与同族亲友联欢时杀来吃。实际上只有少数的富裕人家才能换牛。他们把牛头放在房门的上端，以此显示自己的富裕。有的讨媳妇的聘金也以牛来计算。养猪和养鸡多用作祭祀活动或用来交换自己所需要的东西。猪一般只养到三四十斤，鸡多是两斤左右。

现在政府倡导畜禽圈养，也资助独龙族养殖黄牛、山养等新品种，但是独龙人还是很习惯于野放。

四、农业

20世纪初期的独龙族农业，还是依靠木、竹工具进行，如播种、松土、覆土、田间除草、打场和挖掘等生产过程，都是使用木锄、木耙、木棍、木锹、竹扫帚和竹棍等。大约在两百年前开始，独龙

族社会由刀耕火种农业过渡到锄耕阶段，其进程是十分缓慢的。主要原因：首先，本地不会生产铁农具，而落后的生产还不能提供剩余产品使他们到外面去换取更多的铁制农具；其次，独龙江地广人稀，在独龙族居住地区周围，还有大量可供垦殖的土地和未经砍伐的森林，还不那么需要年年在一块土地上耕种。因此，独龙族觉得，极端粗放的刀耕火种农业技术比锄耕更轻便些。

1. 石斧木棍当农具

据调查，独龙族跨越石器时代并不遥远，这从独龙人还保存有磨光石斧、石刀可以得到证明。在独龙族民间，长期以来，一直保存有磨制细致的石斧和石棒的习俗。他们把石斧看作是天斧（独龙语叫“嫩木恰兰具”），认为是保证谷物丰收的神圣工具，说明石斧在生产上，曾经起过重要的作用。独龙人把石斧放在苞谷仓里，认为持有此物，是福气好不愁吃的，因此把它当作珍贵品，世代传下来。[①]

独龙人在采集和耕作上最先是用竹子或树枝的尖端挖掘植物的根或用以点种籽种，后来发现利用鹤嘴形的弯曲树枝挖掘和播种比较方便且效率高，就普遍使用，直至新中国成立前还用它耕作，称之为“戈拉”。“戈拉”形如锄，柄长60～70厘米，鹤嘴形弯曲部分约15厘米。其使用范围是在园地上和第二年轮种的火山地、水冬瓜树地上播种时松土和锄草之用。它的缺点是使用价值低，耗损率大，若用于播种，一个劳动日仅能负担1/3亩的土地面积，有时一天之内一个劳动力耗损3～4件“戈拉”，损坏后临时去添制，很浪费时间。后来人们平时就准备好一批，出工时带着几件以备应用。[②] 到20世纪初，独龙族农业生产中还在使用“戈拉”，挖掘中使用已比较少，而在播种时候

① 云南省编委会编．民族问题五种丛书·独龙族社会历史调查（一）．云南民族出版社，1981：83.

② 云南省编委会编．民族问题五种丛书·独龙族社会历史调查（一）．云南民族出版社，1981：83.

使用尚多。

“恰卡”直译为小锄，是半木半铁的生产工具，是在“戈拉”的基础上改制而成的，即在“戈拉”（小木锄）尖端包上约10厘米长的铁片而成。“恰卡”由察瓦龙藏族地区传入。据说当时茂顶寨的家族头人甲弩棒老人听到察瓦龙藏族地区有一种铁制小锄，比“戈拉”好，就遣家人背着粮食去换，这人离开茂顶后，走了6天路程行至与察瓦龙接界的歌罗龙地方（现在一村）与藏族换了一个“恰卡”，回来后在园地上试用的结果，证明不仅挖土比“戈拉”深和快，且石粒较多的地也能翻耕。此后该寨群众有专门去交换的，有托亲朋去交换的，使用者日益增多。随着“恰卡”使用，园地、火山地、水冬瓜树地的耕作面积较前扩大了，小米、稗子、谷子的种植日增。①

截至新中国成立以前，独龙族在生产中尚未越过铁、竹、木器并用的时代，他们主要使用的生产工具是镶有小块铁皮的“恰卡”和条锄“俄尔种”，另外，铁制砍刀“削姆”、铁斧头“俄儿”（又称“兰贝”）已经在生产中发挥越来越重要的作用，同时纯木质锄“郭拉”、木、竹点种棒“宋姆”还没有完全退出历史舞台。20世纪民族调查资料指出：独龙族进入刀耕火种的农业社会已经有相当长的历史，早在清代文献中就有过零星的记载。现在独龙族社会，正在开始由刀耕火种农业阶段向锄犁农业阶段过渡。铁制工具已成为主要的农业生产工具，石器早已被淘汰，木、竹制工具只起着辅助作用。②

2. 刀耕火种百年事

独龙族从木、石工具时代转入铁器时代，是从其他民族地区传入了铁器才实现的。最先传入的铁器是刀、斧。铁刀和铁，在独龙语中

---

① 云南省编委会编．民族问题五种丛书·独龙族社会历史调查（一）．云南民族出版社，1981：83.

② 云南省编委会编．民族问题五种丛书·独龙族社会历史调查（一）．云南民族出版社，1981：54.

都叫“下木”（又写作“夏木”、“响木”、“宋姆”等），原料和工具的称呼还未分开。独龙族掌握修补砍刀的技术，只是近二三代的事情。修补砍刀的技术也不是人人皆会，每一个家族中，只有一两个男子会修补铁器。藏语称铁也是“下木”，独龙语和藏语对铁的称呼相同，可能就是藏族将冶铁技术最先传给独龙族的。

据调查，最早传入独龙江的铁器是砍刀，大约在百年以内，砍刀由坎底和察瓦隆一带传到这里。老人们记得，当时要两口肥猪才能换到一把刀子。有了铁制砍刀，他们砍倒树林，开出火山地，然后，剖出板子木料，建成了住屋。①

砍刀的形状一般多为前端稍宽，尾部稍窄；长短可分为大中小三种：大者约 70 厘米（连柄，下同），多作武器及击兽之用；中者约 50 厘米，是砍刀中最广泛使用的一种，多用于砍火山地及家庭日常生活；小者皆系妇女及小孩持握，一般长不盈尺，平时亦多用于砍火山地及家庭日常生活。砍刀是独龙族最主要的生产工具，也是主要生活用具之一。砍刀的使用是进入铁器时代的标志。

独龙族在农业生产开始使用斧头，是在 18 世纪初维西叶枝土司统治时期。纳西族叶枝土司在独龙族地区取得政治上的统治权力，便利了纳西族商人进入独龙族地区，使斧头等工具相继传入，直到今天第四村的独龙族仍叫铁斧为“兰贝”，“兰贝”是纳西语对铁斧的称呼。但第一、二、三村却叫斧头为“温”，“温”最初可能是来自藏语。斧子输入后对扩大耕地面积上起了一定的作用，如在原始森林中第一次砍火山地，砍刀的效率低，遇到合抱的大树就没有办法，若使用斧子就可迎刃而解。②

---

① 云南省编委会编．民族问题五种丛书·独龙族社会历史调查（一）．云南民族出版社，1981：23.

② 云南省编委会编．民族问题五种丛书·独龙族社会历史调查（一）．云南民族出版社，1981：55.

铁斧使用效率与砍刀相比较，往往高出半倍到1倍，尤其是砍伐大的树木效率更高，它给独龙族人民带来新的生产力，耕地面积有所扩大。不过由于斧头不像砍刀那样轻便，又不便于运用和携带；加上价格昂贵，交通困难，很难运进独龙河，因而斧头的运用远没有砍刀那样广泛。

而今，独龙族使用的生产工具越来越多样化，甚至油锯也很常见了。

五、小手工业

20世纪50年代以前，独龙族的手工业还未从农业中分离出来作为一个独立的生产部门，只是随着副业存在的早期手工业。手工业中包括纺织麻布，编制鱼网，编制盛装粮谷的篾器，酿酒和修补农具。[①] 这些工业生产，基本上是自给自足性质的家庭工业，自产自用，仅有一部分作为不同部落或民族间的交换品。

1. 编织竹箩不渗水

编织竹器，是每个独龙族男子都会的。独龙河两岸盛产竹藤，他们用这些竹藤编制各种各样的竹、藤、蔑器皿，如竹箩、竹盒、簸箕等。竹箩是背运货物和整装谷物的主要用具，一种白藤编成的竹箩，细密无隙，可装60斤粮。竹、藤编制的小盒，大者如盘，小者如碗，做工细致，编制精良，上下两盒扣住后，严密无缝。负有盛名的“独龙箩”是大小如背包，妇女们随身斜挎，里面装麻线纺锤与麻线团的竹箩，美观大方实用，也多作为礼物赠送，甚至成为仅次于独龙毯的民族文化符号。

---

① 云南省编委会编．民族问题五种丛书·独龙族社会历史调查（一）．昆明：云南民族出版社，1981年版，第67页．

独龙族藤编碗篓

2. 修补铁具巫师兼

随着铁器的传入使用，打铁业亦相应地兴起。打铁技术据说是从怒江传入的。工具有铁斧（代铁锤）、木风箱、竹制风箱、钳子、木棒（无钳子时的代用物）等数种。方法是冷锻法，利用废旧砍刀制造和修理小刀、恰卡，也能修理砍刀和铁斧的缺口。方法是：将缺口烧红，锤炼之，匀缺口，直至弥满，再用刀割锐。打铁者不是专业铁匠，仅为自己制补铁器，也承受别人之委托，利用早晚之空闲或阴天起火打铁，不占用农活时间。委托修补的人，往往送一点酒和粮食酬劳，多少不限。①

独龙族打铁用的风箱有两种：一种是怒江的样式，用一段较粗的树干挖成空心，两头盖以木堵，用细木竿拉抽送风。另一种是竹制风

① 云南省编辑组编．民族问题五种丛书·独龙族社会历史调查（二）．云南民族出版社，1985：14.

箱，用两个短粗的竹筒并在一起，在二筒下部凿一个空，接上细竹筒作送风管，用麻布制成一个活塞，放入竹筒中，由一人上下推拉便可送风。

尽管独龙族打铁业只处于萌芽阶段，铁匠在独龙族中却有极高的社会威望，往往由头人或巫师兼任，或许是他们见多识广的缘故。再加上受别人委托修补铁器或多或少还是有一定的报酬，铁匠的经济生活比一般人好，也被群众所羡慕。这应该与铁器本身在独龙族生产生活中所起的重要作用有关。

3. 野麻织布女子事

每年 3～5 月，在烧山地上种麻，九十月间可以收割，中间拔草一次。割下的麻秆背回来放在晾台上晾一两个月。纺麻织布都是妇女们的事，工序比较繁杂：先将麻秆放在雨中淋湿，或在水潭中浸泡，然后取来顺着竹竿从头到尾撕皮剥茎，晾在竹竿上，待干燥以后绕捆成一束一束的球状，再进行细致的撕理，除去表皮上的疙瘩，再将两根细麻并合成均匀的麻线，边捻边绕成团（“一克亚”)。之后用“文切”转捻细麻线，缠绕在“文卡”上，取下放入铁锅加上少许碱性的草柴灰烬，用水搅拌煮一煮，麻线色泽开始转白，取出放到河边清水漂洗，并以木棒反复敲打，把附着在麻线上的残皮打掉漂净，麻线更显白色，提起抖甩、晒干，再绕成团。

染色工序是，水冬瓜树皮劈、舂成碎片，放在铁锅内加水煮熬成红色颜料；用核桃树的老根劈、舂成碎片，加水煮熬成黑色颜料；长在山岩上的一种“温辛”花，每年三四月月开出红、兰的花朵，采集回来后分别揉烂、舂碎，其汁水是红色或蓝色的颜料；“辛那那布”的草叶煮出来的水是绿色的颜料。将需要染色的麻线分别放入上述颜料的染液中，搅匀、闷泡、煮沸，然后投进清水中漂洗、晾干，就可以进入纺线阶段。纺线时是在地上插若干小竹竿，各色麻

线或棉线按颜色的不同，分别纺绕在竹竿的两端；纺线时要细心，不能紊乱。有颜色的线，多纺在经线上，纺成的线就可以织布了。原始的纺织工具总共八九件竹、木筒或片，轻巧灵便，可随身携带。织布时经线一端挂在树干或晾台的木柱上，织者坐在另一端，双手不停地穿梭纬线。

独龙族的麻织品种很少，主要是常用的独龙毯和绑腿两大项。独龙毯长约1.8米或2米，宽约0.3米为一幅。一条独龙毯由3～4幅连缀而成，过去既是衣服又是垫盖的被褥一类，布质比较结实耐用。麻布织成的绑腿，长约120厘米、宽约28厘米，色白，两边织有1厘米宽的黑色条纹，并框以红边。绑腿带长约150厘米，宽约6厘米，两端缀有彩穗，由红、白、黑、粉红、绿、兰、褐多种颜色的棉、麻线织成，织工精巧，色泽丰富艳丽，甚是美观。① 独龙族家家户户的衣着垫盖，及作为贡赋的麻布全靠独龙妇女亲手织成，没有纺机，完全用简单原始的手工操作，从劈麻、搓线、洗染、织布，全靠两只手。纺织进度很慢，一个妇女辛勤劳动还不够全家之用，因此在过去以麻布作为交换的并不多。

六、交换

20世纪50年代以前，在独龙族内部，尚保留原始交换的特点，一种是朋友式的原始交换，他们称作“布嫩牟”；一种是物物交换，他们称为“布伦”或“随伦”，两种都是以个体火塘为交换单位。② 与外界的交换则已经有货币交换的萌芽。

---

① 蔡家麒著．民族调查研究·独龙族社会历史综合调查报告（专刊）．云南省民族研究所，1983：7.

② 云南省编委会编．民族问题五种丛书·独龙族社会历史调查（一）．云南民族出版社，1981：108.

1. 以物易物通有无

独龙族长期偏居独龙江一隅，生产生活中的必需品不得不依赖外界供给，就必定与外界其他民族产生交换行为。独龙族已有早期的手工业、副业，使交换有了可能；而且独龙族的土特产，如黄连、贝母、虫草、兽皮、麝香、虎骨等都对外界颇有吸引力。但由于生产力水平低下，在农副业方面均不能提供更多的商品以供交换，仅是为了保证生产的进行而作以有易无的交换。

独龙族各个“克恩”或家庭间的工业产品基本相同，因此，各个“克恩”或家庭间没有进行更多的交换的必要。所以独龙族只能与自己经济条件不同的汉、藏、白和纳西等民族进行交换，以及与缅甸克钦邦的独龙族进行交换。汉、白和纳西族的小商人带着铁器、盐、针线和货币等进入独龙族地区，与独龙族交换黄连和贝母等药材。藏族用盐、陶锅和牛等同独龙族交换麻布、竹藤器、麝香和熊胆。此外，缅甸克钦邦的独龙族用竹藤器和铁刀与他们交换麻布。当然，由于高黎贡山冬春季节大雪封山，交换就受到季节限制。

由于外族商人的来到，使独龙族原来在平等基础上的原始交换复杂化起来。与外商接触的少数独龙人开始作外商的向导和助手，从而也产生了一些不是像从前因为要满足生产、生活上的需要而交换，而是从中想得到一些利润的活动。他们利用本地的贝母和麻布向外族商人换来盐巴，然后到缅甸交换或者换给三村、四村的独龙人。

2. 馈赠交换重情谊

朋友式的原始交换，如先是甲“克恩”（家族）的甲家成员到乙“克恩”的乙成员从那里取走麻布和盐，然后乙“克恩”的乙家成员，再到甲“克恩”的甲家，取自己所需的铁刀和竹藤器。交换的双方只是为了交换到自己所没有的东西。交换的双方可以事先约定好所需要的物品。交换时间一般是农闲季节，在来之前，彼此互相

通知，通知的形式是传递木刻或捎口信，以便使主人事先准备好交换所需的东西。

这种朋友式互通有无的交换，双方并不计算彼此交换的件数，不计算某一方多，某一方少，而双方互相招待食宿。作主人的一方，常酿酒杀鸡热情招待来到的交换者，因为他们进行交换的目的，纯粹是出于生产与生活的需要。

第二节　多元生产民脱贫

进入 20 世纪 80 时年代，改革开放的风潮也席卷了封闭千年的独龙江峡谷，触动了禁锢千年的独龙人民的传统生产观念。特别是 1999 年独龙江公路竣工通车，以及之前的独龙江内部交通条件的巨大改变，带来了独龙族生产发展的新契机，使其观念与行为也发生了前所未有的剧烈演变，生产门类越来越多元化，给群众带来了更多的经济收入。

一、农业

1. 科技农业生巨变

在独龙江农业发展中，现代农业科技因素主要包括地膜种植，高产稳产，新品种的引进，化肥、农药的使用以及在北部地区栽培水稻等。在这一过程中，除了政府投入资金等方面的一贯支持外，独龙族农业技术员近 30 年的努力功不可磨，他们成为外界先进的生产技术与独龙江生产实际相结合的媒介，把技术送到群众的田间地头，使他们逐步接受了现代农业技术与生产观念。

独龙江处于暖湿雨林气候带，雨量充沛，是云南省降雨量最多的地区，阴雨天气多，日照不足，土地湿度大，野草生长快而与苗争肥，不利于庄稼生长，固定耕地的粮食亩产也只能达一百公斤左右。水稻种植也因为同样的原因，产量较低，1956年亩产平均仅有160多公斤。[①] 1965年，建立乡农业技术推广站，但是由于时代原因，并没有在独龙族的生产发展中起明显作用。因此，找到适合于独龙江自然环境的农业科技技术，提高固定耕地的单位产量，就成为发展独龙江农业的关键。

1982年，从怒江农校毕业回来的丁永明担任独龙江第一任农技站站长，他想要以地膜育秧解决独龙江特殊气候对农业造成的危害。马宗仁是独龙族第一代农艺师，1976年保山农校毕业后在贡山县怒江边的乡镇农技站工作，对于新品种的培育、新技术的引进积累了丰富的经验，1984年参加独龙江工作队，受政府委派回独龙江试验和推广地膜育秧。于是，地膜育秧种植的想法在政府、技术员中不谋而合。丁永明回忆道：1984年，乡党委书记周建国从县里带回一卷塑料地膜，要求他进行试验育秧。并在乡政府附近批了一块半亩的地作试验示范，还通知了乡村干部和附近农民30多人实地参观实习。丁就一面操作，一面讲解，根据在学校学习过的操作规程进行松土、理墒、挖塘、点种引进的良种苞谷、覆盖地膜，然后讲解如何进行后期管理和防治病虫害的方法。到了当年苞谷黄熟的收获时间，再次召开地头现场会，邀请乡村干部和群众代表前来参观验收。收获苞谷200多公斤，高出当地平均亩产一百多公斤，首次试验就获得了很大的成功，证明用地膜栽培苞谷，可以有效遏止苞谷地的杂草生长，能够提高地温，有利于保肥保土，非常适宜于独龙江的地理环境。由此，打开了独龙现代科技农业的新篇章。

2000年，地膜育秧不但已经大面积使用于苞谷的栽培中，在水稻

---

① 云南省编委会编．民族问题五种丛书·独龙族社会历史调查（一）．云南民族出版社，1981：31.

栽培中也开始使用。从1999年开始，先是在原来就有种植水稻的巴坡、孔当等地开展，接下来发展到北部的献久当、龙元、迪政当，先争取每村一分的水稻试验田的成功，再行扩大。

从1998年起，全乡进行农业生产和科技推广，大搞农田水利建设，至2001年年末，全乡完成农田水利建设810亩，其中改造低产田地250亩，水利工程8件，田间沟渠修建5条，全长1500米。示范推广大棚蔬菜种植，使独龙江干部群众吃上了新鲜蔬菜。示范水稻双行密植条载，创造了独龙江水稻平均亩产700斤的新记录。组织农业科技培训26次，参加人员760人次。改变独龙族种地不用肥料的传统观念，2000年投入积造农家肥7000吨，尿素60吨，复合肥100吨，地膜24吨。种植良种苞谷3000亩，地膜苞谷2000亩，良种水稻200亩，脱毒洋芋400亩，粮食总产量为1 089 479公斤，首次突破百万公斤大关，人均拥有粮食296公斤，农民人均纯收入达644元；2001年全乡经济总收入达339万元，其中种植业201万元，占总收入的59%。从粮食亩产、总产到经济总收入都达到了历史最高水平。[①]

总之，独龙江的科技农业经过近30年的摸索试验，到20世纪末，终于跨上了一个新的台阶。而且，在发展地膜苞谷、地膜水稻的过程中，触动了与之有关的科技因素的连锁反应，从生产工具、农作物品种到种植方法等方面，逐步取代了传统锄耕农业，逐步跨入了现代科技农业的门槛。

2. 经济林木寄希望

粮食产量提高，让独龙族民众能够吃饱了；大棚蔬菜种植，让他们一年四季有蔬菜吃。这样，对采集的依赖性大大减少。但是，真正给他们带来脱贫希望的还是经济林木的种植。

---

① 李金明．独龙江发展报告//郭家骥主编．云南民族地区发展报告．云南大学出版社，2003：230.

独龙江广阔的山坡、潮湿的气候、肥沃的土壤特别适合草果、花椒树、董棕、核桃树等经济林木的生长。政府也把扶持独龙族种植经济林木作为其脱贫致富的突破口，在资金、技术培训等方面给予了很多支持。作为独龙族民众心目中的“老县长”高德荣的表率也是极有影响力的。

从高黎贡山下坡到独龙江边，第一块苞谷地是“县长示范田”，春天苗儿肥，夏季茎儿壮，秋日玉米黄，丰收的喜悦激发着独龙族群众去模仿学习。老县长把这种示范作用也发挥到了草果、核桃等经济林木的种植。而且，搭棚子睡在地里，日夜管理，观察，试验哪一种品种更适宜独龙江的环境，然后介绍给大家。广大群众纷纷效仿，并且逐渐尝到了种植经济林木的甜头，积极性也高起来。到2010年，独龙江全乡已种植草果3.2万多亩，花椒8700亩，核桃1000亩、董棕650亩，这将为独龙族民众带来巨大的经济利益。

二、畜牧

据草山资源普遍调查，独龙江乡有草场133.9×10^4亩，占全乡土地总面积的44.8%，其中有效草场占92.0%。但是，历史上独龙族的畜牧业未曾得到很好的发展。到新中国成立前，独龙族仍然很少饲养大家畜，没有马，也没有羊，少数人家有一两头牛。独龙族畜牧业的落后，首先，源于他们对野生动物的依赖，天上有飞的，林里有跑的，江里有游的，没有畜牧业生产也不至于不知肉味。其次，由于地理环境的封闭，不容易从异族那里交换得到种类和数量更多的家畜、家禽。另外，由于商品经济不发达，畜牧业既然不用于生产，个人的消费（杀吃和祭祀）毕竟有限，畜牧业的作用在独龙族的生产生活中显现不出来。自从20世纪80年代以后，独龙江的外来人口增多，对肉食的需求量增大，过去主要用于送礼、祭祀的家畜、家禽，也给独龙族群众换来了钱，刺激了他们饲

养家畜家禽的积极性，促进了畜牧业的初步发展。独龙江乡畜牧业的收入从 1980 年的 0.3 万元增加到 1998 年的 86 万元。[①]

1. 独龙牛儿成群养

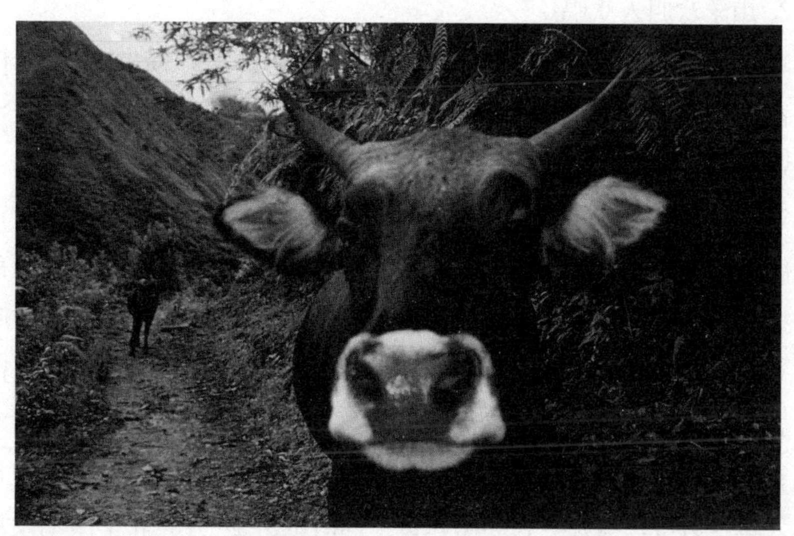

独龙江大额牛 （廖文英摄）

大额牛又称之为独龙牛，仅分布于我国云南省西部高黎贡山的独龙江和怒江流域，以及印度的阿萨姆邦、东孟加拉、不丹和缅甸北部钦邦海波 1500 米以上的山区，是一种半家养半野生的珍稀动物。傈僳语“曲阿尼”，汉译为“独龙牛”，独龙族语将独龙牛称为“阿布”，为体大、有野性之意。据当地民间流传，大额牛是在野生状态下拘捕后，经长期驯化而形成的半野生半家养类型，其驯化时间据传近 200 年。[②] 大额牛在野生放牧条件下，具有适应性强、抗病力好、耐粗饲、采食力强、体力壮等特性。因大额牛繁殖困难而又宰食较多，至 1985 年仅存 67 头。为了使这一特有种不在国内灭绝，近年来，怒江傈僳族州各级政府高度重视

① 怒江州统计局编．怒江五十年统计年鉴 1949～1999. 中华书局，2000：510.

② 田允波，和绍禹，葛长荣．大额牛．黄牛杂志．1998（2）.

大额牛的饲养，老百姓的饲养积极性高涨，饲养数目逐年增加。根据最近怒江州农牧局的统计，2003年大额牛的数量已增加到2615头，[①] 现在走在独龙江两岸，时不时碰到野牛漫步觅食。

2. 山羊欢叫人欢唱

1998年2月，云南省委书记令狐安到贡山调研，提出“远抓林木，近抓畜牧”的发展思路，并帮助解决了发展养羊业的10万元资金。3月，黄炳生副省长在怒江独龙江扶贫专题会议上提出四大发展项目：一是要退耕还林1.4万亩，发展林产业，争取2年内完成退耕还林7000亩，固定基本农田3000亩；二是大力发展以养猪、羊、牛为主的畜牧业，把畜牧业培育成独龙江乡的支柱产业，使之成为独龙族群众增收的主要来源，做到户均至少1头牛和1头肥猪，人均1只羊，畜牧业产值要占到整个农业总产值的2/3；三是要按照以沿江、沿路为主，相对集中、就地安置的总体原则，认真组织实施异地搬迁和安居工程；四是下决心，集中力量，抓好乡村公路建设。同时批给10万元养羊滚动发展资金。其后，省委独龙江工作队也筹集资金，先后两批购入2130只良种山羊投放到农户，签订合同以滚动的方式发展：以政府扶贫资金购买的12只羊为基础，以滚动方式发展，保证从一开始发展养羊的家庭和羊只的数量逐年增长。

如今，如果是清晨或傍晚走在独龙江，就可以看到十几只、二三十只羊群出牧或牧归，叮叮当当的铃声伴着人们的欢声笑语；如果是白天走在独龙江边，虽然看不到林地草丛间觅食的羊群，却常听到叮叮当当的铃声，应和着独龙江声，荡漾在村民的心里。

---

① 毛华明，邓卫东，文际坤．大额牛的生物学特征及研究开发利用潜力．黄牛杂志，2005（5）．

三、小手工艺

1. 琳琅满目独龙箩

用竹片与藤篾编织的独龙箩早已成了独龙族的文化名片，储存物件少不了它，携带东西少不了它，馈赠亲友少不了它，出售赚钱少不了它。尤其是近年来独龙族群众的商品意识逐渐增强，编织独龙箩出售就成为一个重要的收入渠道。

独龙江两岸漫山遍野的竹林与原始森林里藤篾为独龙族编织竹篾业的发展提供了得天独厚的资源。从父辈那里耳濡目染学到的竹编技艺，外界对独龙箩的需求，为独龙族男子提供了以此赚钱的机遇。挎起长刀，背起干粮，砍回藤篾与竹子。选一个晴朗的日子，在屋外平地上，破竹、削藤，把细长柔软的藤子、轻薄如纸的篾片一捆捆捆好。然后成竹在胸，舞动手指，各种大小，形状不同的独龙箩就在粗糙的双手中诞生了。

怒江各族都喜欢用独龙箩背运、存放大米、面粉，六七十斤，甚至上百斤重量的东西也不变形，背箩的重量却是越轻越好。这难不倒独龙汉子，先把老竹破成两半，用火烘干，按大小规格弯成四方形底座。其上用细长的藤子将弯成凹型的相互交叉成正方形的四根又细又硬的实心竹固定起来，然后篾条在其手指间舞动，不断沿着四根实心竹向上编，每隔一段用细藤子固定起来。越往上编，逐渐加宽，最后以藤子编箩沿，最终成一个底四方，上圆形的独龙箩。还要在人背一面的两根实心竹上部用藤子编两个小圈，在另一面的实心竹下部编两个小圈，这是便于藤篾背索穿过。这种又轻又薄，外形好看，实用耐劳的独龙箩而今摆满了独龙江、怒江边的小卖部，甚至在州府六库的土特产商店也见得到。大大小小一个叠一个，尽由顾客挑选，为独龙族家庭带来了经济收入。

独龙箩中特别受远近顾客青睐的是被称为“达古”的小盒子。所用竹片又细又均匀，还有红黑色简单花纹相间，显得极为精致，好似一个小型的长方形箱子，其上还有一个盖子，以一根小竹签扣在箩身上用藤子编的小扣子上，里面放上针头线脑、钱包手机也掉不出来。凡是来旅游的游客，多喜欢买上一床独龙毯立马披在身上，再斜挎一个“达古”，顺手在路边采些野花编成花环带在头上，立马就是一个活脱脱的独龙女孩。三五成群的游客争相购买，买了自己的，还要买家人的，又要买给同学朋友，于是，“达古”的销量就很可观。

历史上独龙族自己所用与馈赠亲友的独龙箩，种类就不少，而今为了满足市场需要，类型更多，可谓琳琅满目。这同时又使独龙族编织竹箩的技艺有了更大的发展。

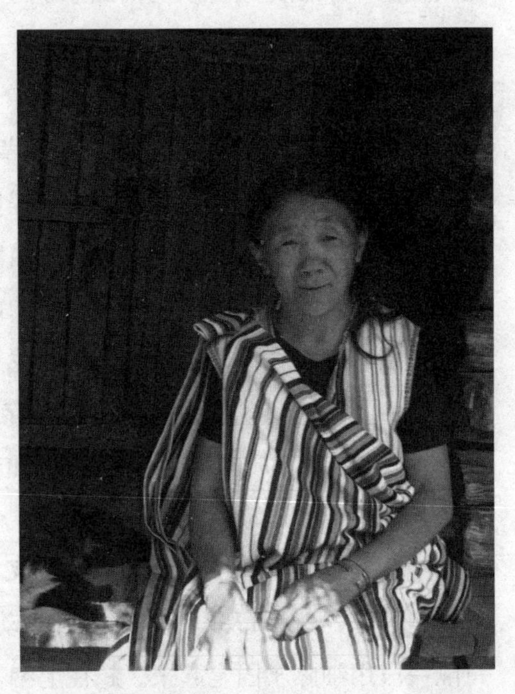
披独龙毯的独龙族妇女　（高志英摄）

2. 五彩缤纷独龙毯

20 世纪 80 年代前后，独龙毯用途发生了明显变化，即以出售换取货币成为首要。独龙毯过去全家衣被皆是它，现在走遍独龙江也看不到几个披独龙毯的人，但是每家过道上还是挂着织毯的工具，妇女们一闲下来总是在不停地织，用的线也多是色彩艳丽的晴纶毛线，花色、品种、图案也比以往丰富多了。据了解，用麻线织的一床独龙毯，在乡中心商店可以卖到 500 元人民币，用毛线织的则卖到 250～300 元，成了独龙族家庭一项不菲的经济收入。

四、商业

以往独龙族是为买而卖，即卖了土特产来买外界的针线、盐巴、布匹、铁锅、三角架、斧头、砍刀、锄头、镰刀等生产与生活用具。与外界交流的增多，激发了少部分独龙族群众的商品意识，成了独龙族的第一批小商人。走上这条道路的，一是读过点书，能说汉话；二是丈夫或亲戚是干部，见过一点世面。他们为了获取利润而买，他们的买——去县城批发货物，去缅甸或本地村寨收购土特产品，都是为了卖。

目前，整个独龙江流域，包括巴坡和孔目，有二三十家独龙族经营的小卖部，主要出售当地生产生活必需品，流动资金从几千元到上万元不等，从中看出一批独龙族率先放下锄头，离开土地，当起了小店主。另外还有差不多相同数量的走贩，往返于贡山、孔目、巴坡与缅甸之间。对他们的调查发现，店主多为女性，丈夫要么是干部，要么是傈僳族马哥头，丈夫从县城把东西驮运进来，先留下一部分在自己家的小卖部里出售，然后批发给亲戚家一部分，最后才分给其他家。在巴坡开小卖部的大都是亲戚关系，出售的货物品种少，购买的人也少，还看不到他们之间的激烈竞争。他们不仅经营日用品，而且经常穿梭于各民族之间，帮助人们互通有无，如帮助买或卖牛、山货、宝石等，并从中获得一定的经济收入。

参考文献

1. 云南省编辑委员会．民族问题五种丛书·独龙族社会历史调查(一)．云南民族出版社，1981

2. 云南省编辑组．民族问题五种丛书·独龙族社会历史调查(二)．云南民族出版社，1985

3. 云南省编辑组．云南少数民族社会历史调查资料汇编（二）．云南人民出版社，1987

4. 蔡家麒．独龙族社会历史综合考察报告（专刊，第一集）．云南省民族研究所，1983

5. 云南省编辑组．民族问题五种丛书·中央访问团第二分团云南民族情况汇集（上）．云南民族出版社，1986

6. 云南省编辑组．民族问题五种丛书·独龙族简史．云南人民出版社，1986

7. 刘达成．民族知识丛书·独龙族．民族出版社，1992

8. 政协怒江州文史资料委员会编．云南省怒江州民族文史资料丛书·独龙族．德宏民族出版社，1999

9. 怒江州地方志编纂委员会编．怒江傈僳族自治州民族志．云南民族出版社，1993

10. 怒江州政协文史资料委员会编．怒江文史资料选辑（1—20 辑

史料摘编）》（上下卷）．德宏民族出版社，1993

11. 蔡家麒．中国原始宗教资料丛编·独龙族卷．上海人民出版社，1993

12. 蔡家麒．论原始宗教．云南民族出版社，1988

13. 陈瑞金辑录．怒江州办公室编印怒江旧志．怒江州民族印刷厂，1998

14. 段伶．独龙族民间故事．云南民族出版社，1988

15. 李子贤．云南民族民间故事选·创世纪神话故事六则．云南人民出版社，1981

16. 西南民族学院图书馆编．云南傈僳族及贡山、福贡社会调查报告．1986

17. 方国瑜．中国西南历史地理考释（上、下册）．中华书局，1987

18. 方国瑜主编．云南史料丛刊第十、十二卷．云南大学出版社，2000

19. 丽江县县志编委会．乾隆丽江府志略，丽江县印刷厂印制．

20. 张桥贵．独龙族文化史．云南民族出版社，2000

21. 杨毓骧．伯舒拉岭雪线下的民族．云南大学出版社，2000

22. 何大明，李恒主编．独龙江和独龙族综合研究．云南科技出版社，1996

23. 何大明主编．高山峡谷人地复合系统的演进——独龙族近期社会、经济和文化的综合调查及协调发展研究．云南民族出版社，1995

24. 云南民族文化大观丛书·独龙族文化大观．云南民族出版社，1999

25. 李金明．独龙族原始习俗与文化．云南省社科院民族文学研究所，1993

26. 尹绍亭．森林孕育的农耕文化——云南刀耕火种志．云南人民出版社，1994

27. 罗荣芬．峡谷挡不住的女性．云南教育出版社，1995

28. 腾飞的东方大峡谷——怒江州五十年统计年鉴(1949～1999)．中华书局，2000

29. 李金明．高山峡谷独龙人家．云南大学出版社，2001

30. 郑维川．云南民族村寨调查·独龙族——贡山丙中洛乡小查腊社．云南大学出版社，2001

31. 高志英．20世纪独龙族社会文化与观念变迁研究．云南人民出版社，2009

32. 高志英．藏彝走廊西部边缘民族关系与文化变迁研究．北京民族出版社，2010

33. 尹明德．中国方志丛书·云南北界勘查记，（台湾）成文出版社有限公司据民国·滇缅界务调查小组报告民国二十二年刊本影印．

后记

本书的问世，首先得益于何叔涛兄长的推荐，说有一位曾经在怒江生活过的北京编辑要约稿出版一本有关独龙族的专著。想到怒江，就毫不犹豫应承下来。但在与编辑沟通后，却让笔者深感意外：一是一直以为“何军”编辑是个男生，没想到一通电话却是个性格、脾气与我蛮投缘的美女！其二，说编辑在怒江生活过可能是笔者误听偏信了，但是她对怒江、独龙江与独龙族的向往也让我颇感意外，甚至有“电话知音之感”。虽然至今阴差阳错尚未谋面，不过，何军对书稿提纲拟定，内容取舍，图片选择，封面设计，甚至一字一句的修改，却一点也不马虎，甚至可以用“严苛”来形容，这倒也与其名字吻合。

当然，一本书结一段缘。从小生活在怒江，尤其是 2001 年第一次进独龙江调查至今，与独龙族父老乡亲，如独龙族老县长巴国新、高德荣与一批批走向领导岗位的李永祥、李明光、杨谊群、马正山等，还有独龙族学者李金明、罗荣芬、李爱英、曾学光等如同胞般的绵绵情谊，一直是我研究的动力与源泉。世世代代生存繁衍于独龙江峡谷的独龙同胞们累世积代的丰厚而别具一格的民族传统文化，是我的学术研究的息壤与沃土，同时也不断给我的学术注入新的活力。每一次进独龙江田野调查，从昆明到六库，到贡山，再到独龙江，再到每一个村寨，为我提供帮助的人数不胜数，而且像滚雪球一般日渐增多，何止一个“谢”字了得！其中不少是陪伴我走过独龙江“天梯”，过过溜索与吊桥，可谓生死与共的朋友们。请允许笔者再一次以这本小书谨献给独龙江、怒江的父老乡亲！

高志英　于东陆园文津楼